SILVICULTURA EXTENSIVA
NOS EMPREENDIMENTOS RURAIS

Dados Internacionais de Catalogação na Publicação (CIP)
(Câmara Brasileira do Livro, SP, Brasil)

Flor, Hildebrando de Miranda
 Silvicultura extensiva nos empreendimentos rurais / Hildebrando de Miranda Flor. – 1ª ed. – São Paulo: Ícone, 2014. – (Coleção Brasil Agrícola)

 ISBN 978-85-274-1216-2

 1. Engenharia Florestal. 2. Florestas – Aspectos ambientais. 3. Florestas – Aspectos econômicos. 4. Florestas – Conservação. 5. Manejo florestal sustentável. 6. Produtos naturais. I. Título. II. Série.

12-11123   CDD-634.909811

Índices para catálogo sistemático:
1. Manejo de produtos florestais: Silvicultura.   634.909811

Hildebrando de Miranda Flor

SILVICULTURA EXTENSIVA

NOS EMPREENDIMENTOS RURAIS

Coleção Brasil Agrícola

1ª edição
São Paulo
2014

© Copyright 2014
Ícone Editora Ltda.

Coleção Brasil Agrícola

Projeto gráfico, capa e diagramação
Richard Veiga

Revisão
Juliana Biggi
Saulo C. Rêgo Barros

Proibida a reprodução total ou parcial desta obra, de qualquer forma ou meio eletrônico, mecânico, inclusive por meio de processos xerográficos, sem permissão expressa do editor. (Lei nº 9.610/98)

Todos os direitos reservados à:
ÍCONE EDITORA LTDA.
Rua Anhanguera, 56 – Barra Funda
CEP: 01135-000 – São Paulo/SP
Fone/Fax.: (11) 3392-7771
www.iconeeditora.com.br
iconevendas@iconeeditora.com.br

*...a floresta é linda, escura, infinda,
mas, ainda tenho muito o que fazer e
léguas a percorrer antes de dormir...*

Robert Frost

Este livro é dedicado
carinhosamente aos meus filhos:
Maurício, Luciano, Gisele e Cristina.

Apresentação

Quando recebi o convite para vir a apresentar esta magnífica obra de Hildebrando Flor, além de ter me sentido intensamente lisonjeado, senti-me surpreso ao perceber e conhecer a grandiosidade deste homem e a sua vocação pela franca busca da causa do verde das florestas. Obra esta voltada para o nosso planeta, e, em especial, para o nosso país, vasto território de proporções continentais que chora silenciosamente, como um ser vivo que é, a perda de seus músculos, de suas peles, de suas veias e artérias, de seus pulmões e torcerei que não culmine na extinção de seu coração.

Hildebrando Flor é um estudioso autor, possuidor de um fabuloso *curriculum*, digo mais, de um currículo de vida, detentor de um amor visceral pela defesa das causas da natureza florestal. Demonstrou-me ao longo de vários dias e de várias horas de conversas um sentimento ideológico inclinado à preservação das fontes naturais, aliado à busca pelo equilíbrio das questões filosóficas e românticas para com o lado racional do humano, da subsistência das sociedades, das economias, das empresas, do micro e do macro.

Doutor e Mestre em Engenharia Florestal, Engenheiro nesta não cartesiana área do conhecimento, possuidor de mais de 40 anos em vivências e experiências de atuação ativa no setor do tema desta obra. Professor, educador, estudioso, filósofo das questões ligadas ao verde, que, ao mesmo tempo, me levou à exclamação por possuir um lado técnico ligado ao cálculo, à matemática, à ciência do entendimento e da defesa da sustentabilidade das empresas, das organizações de pessoas que buscam a criação de valor, da mais valia, em direta e estreita relação com o uso responsável e de excelência dos recursos naturais, florestais.

Esta obra torna-se um extenso, vasto e grandioso material para basear as mais variadas buscas, desde as que são pelos aspectos filosóficos até as que são pela base técnica profunda e detalhada de quem intenciona arquitetar o equilíbrio entre o presente verde que o planeta vivo nos dá e a procura incessante e fundamental pela criação de valores, de bens e de capitais que venham a propiciar de forma harmônica e virtuosa o desenvolvimento social, econômico, cultural e a subsistência do ser terreno.

Otavio Angelo da Veiga Neto
Empresário, Gestor, Educador
Sócio, Diretor e Membro do Conselho de Administração da
3W Unyleya, um dos maiores grupos educacionais do Brasil.

PREFÁCIO

Atualmente o desenvolvimento e o meio ambiente estão recebendo maiores atenções devido às necessidades e principalmente às crescentes preocupações das comunidades nacionais e internacionais.

Alterações climáticas e ambientais globais, uso crescente dos recursos naturais, ocupação territorial, poluição e a nova visão de desenvolvimento sustentável exigem mais do desempenho científico e tecnológico.

Em todos os aspectos dos ambientes econômicos e ecológicos as florestas exercem papel importante em termos de amenidade, produção e proteção do meio.

Florestas podem ser geradas de forma natural ou por intervenção humana, e se tornar de uso múltiplo pela comunidade. Mas o uso dos seus recursos deve ser bem definido para evitar esgotamento sem retorno.

Se ocorrer descaracterização da floresta natural, um modo de compensar é com a aplicação de regeneração artificial adotando técnicas de florestamento, de reflorestamento, de plantios em grupos e de plantações agroflorestais.

Qualquer dessas técnicas tem como base um conjunto de teorias que apoiam as práticas de regeneração, de tratamentos e de produção sustentável na silvicultura.

Associando e aplicando as informações do texto, os leitores poderão adquirir um conjunto de conhecimentos essenciais que possibilitarão a execução de tarefas acadêmicas e profissionais.

Especialmente no âmbito profissional as tarefas na silvicultura precisam ser encaradas com grande seriedade para prevenir riscos, perdas e insucessos que prejudicarão prazos, despesas, gastos e custos de produção.

A silvicultura muda de conjuntura de conformidade com o bioma, com o ecossistema e com a região onde ocorre.

Desde épocas remotas a administração governamental organiza as bases da silvicultura em prol da manutenção e da utilidade das florestas. Na China a dinastia de Chow, de 1122 a 255 a.C. montou as bases da silvicultura por meio de recomendação imperial de exploração, combinada com a preservação das florestas.

Semelhante intenção atingiu o território europeu quando Angus Marcius, quarto rei de Roma, 640 a 616 a.C. passou todas as florestas, existentes no âmbito do reino, para o domínio do Estado, e a silvicultura avançou das atividades práticas para as das ciências da época.

Atualmente, para se desenvolver qualquer ramo de atividade na silvicultura há necessidade de apoio das ciências ambientais, biológicas e florestais.

Os técnicos em silvicultura têm aprendido que um bom desempenho no tratamento das florestas previne muitas influências destrutivas e aumenta os rendimentos.

Para cada ambiente o desempenho e as reações das florestas, ante as intervenções dos vários agentes bióticos e abióticos, dependem do conhecimento e da aplicação de ciência e tecnologia no plano de silvicultura.

O bom planejamento, para que atinja os objetivos da silvicultura, deverá prevenir as influências destrutivas, aumentando os rendimentos diretos e indiretos das florestas.

No rendimento direto os produtos advindos das florestas servem para atender as necessidades dos mercados, e o rendimento indireto inclui as florestas como fonte de amenidade ambiental, de educação, de proteção e de benefícios ecológicos.

Sequestro de carbono pelas florestas é um exemplo de rendimentos direto e indireto concomitantes.

Para que as florestas assegurem rendimento direto e indireto será necessário aprimorar o número de mão de obra especializada, que promova melhorias no ambiente socioeconômico.

Nas florestas estabelecidas, a aplicação de métodos define os sistemas, cuja aplicação exige conhecimento dos princípios de silvicultura por estarem estreitamente relacionados com os requisitos necessários ao desenvolvimento do manejo florestal.

O desenvolvimento de modalidades imperfeitas de desenvolvimento econômico vem causando ameaças ao meio e ao ambiente pelo acúmulo de dívidas financeiras e ecológicas durante décadas. A economia da pobreza, da desigualdade e das necessidades prementes de sobrevivência a curto prazo exerce pressão sobre as florestas naturais, ampliando os problemas ambientais.

Ante o exposto é que o domínio do conhecimento de silvicultura poderá aumentar a produção, principalmente das florestas plantadas, ajudando a aliviar as pressões sobre as florestas naturais e apoiando as pequenas, médias e grandes empresas agrícolas e florestais.

Hildebrando de Miranda Flor

ÍNDICE

Capítulo 1
Introdução, 17

Capítulo 2
Ambiência, 21
    2.1. Considerações Gerais, **22**
    2.2. Tecnologias do Meio, **24**
    2.3. Bioma, **26**
    2.4. Biofísica, **27**

Capítulo 3
Ecossistema, 35
    3.1. Interação e Inter-relação, **36**

Capítulo 4
Florestas, 39
    4.1. Tipos florestais, **40**
    4.2. Estruturas florestais, **41**
        4.2.1. Estrutura vertical, **42**
        4.2.2. Estrutura horizontal, **44**

4.3. Fenologia, **46**
    4.3.1. Brotação, **46**
    4.3.2. Floração, **50**
    4.3.3. Frutificação, **53**
        4.3.3.1. Fruto, **53**
        4.3.3.2. Semente, **54**
4.4. Colheita, **56**
4.5. Beneficiamento, **59**
4.6. Armazenamento, **62**
4.7. Tratamentos para germinação, **65**

Capítulo 5
Viveiros, 67
    5.1. Semeadura, **71**
        5.1.1. Cálculo da quantidade de sementes, **72**
    5.2. Embalagens, **73**
    5.3. A adubação em viveiro, **74**
        a) Adubação de base, **75**
        b) Adubação de cobertura, **76**
    5.4. Germinação, **78**
    5.5. Controles de mudas, **80**
    5.6. Repicagem, **88**

Capítulo 6
Regeneração, 91
    6.1. A regeneração natural, **92**
        6.1.1. Cálculo de corte, **96**
    6.2. A regeneração artificial, **99**
        6.2.1. Florestamento, **101**
        6.2.2. Reflorestamento, **102**
        6.2.3. Plantio consorciado, **103**
            6.2.3.1. Exigências, **104**
            6.2.3.2. Espécies, **105**
            6.2.3.3. Mudas, **107**
            6.2.3.4. Espaçamento, **107**

6.2.3.5. Calagem e adubação, **108**
6.2.3.6. Tratos culturais, **109**
6.2.4. Plantios em grupos, **110**
6.2.5. Densidade na regeneração artificial, **110**
6.3. A regeneração mista, **112**
6.4. Quantidade de sementes a adquirir, **113**
6.5. Desbaste, **114**

Capítulo 7
Técnica de plantio, 117
7.1. Seleção de espécie, **117**
7.1.1. Melhoramento florestal, **119**
7.2. Preparo de sítio, **120**
7.2.1. Com fogo, **120**
7.2.2. Com químicos, **121**
7.2.3. Com maquinaria, **122**
7.3. Construção de acesso, **123**
7.4. Combate às pragas, **124**
7.5. Plantação, **124**
7.5.1. Método manual, **125**
7.5.2. Método mecanizado, **126**
7.6. Procedimento, **127**
a) Onde estabelecer o plantio, **127**
b) Quando efetuar o plantio, **128**
c) Que espécie plantar, **129**
d) Como plantar, **130**
e) Número de plantas por hectare, **132**
7.7. Custos de Implantação, **133**

Capítulo 8
Prevenção de incêndios florestais, 137
8.1. Tipos de incêndios florestais, **139**
8.1.1. De superfície, **140**
8.1.2. De copa, **140**
8.1.3. Subterrâneos, **140**

8.2. Prevenção, **140**
8.3. Material combustível, **141**
    8.3.1. Classificação de material combustível, **142**
8.4. Clima, **142**
8.5. Medidas, **143**
8.6. Plano de prevenção, **144**

Capítulo 9
Produção, 145

Capítulo 10
Rendimento da madeira, 153
10.1. O cálculo do rendimento, **159**
10.2. A avaliação do rendimento, **166**

Capítulo 11
Planejamento, 171
11.1. Planejamento a curto prazo, **172**
11.2. Planejamento a médio prazo, **173**
11.3. Planejamento a longo prazo, **173**
    11.3.1. Planejamento individual, **175**
    11.3.2. Planejamento geral, **175**
    11.3.3. Planejamento financeiro, **175**

Bibliografia consultada, **179**

O autor, **183**

1 INTRODUÇÃO

Silvicultura é parte integrante das Ciências Florestais, abrangendo tecnologia que assegure produção, reprodução, estabelecimento, manutenção, recuperação e vitalidade das árvores e das florestas, e pode ser dividida em extensiva e intensiva.

A Silvicultura é extensiva quando praticada a baixo custo operacional por hectare com pequena inversão, atuando de preferência nas pequenas propriedades agrícolas, envolvendo glebas dos empreendimentos rurais. Quando bem conduzida atende os ambientes econômico, natural e social ao distribuir pequenas áreas de florestas naturais e plantadas no sentido de auferir amenidade, produção e proteção do meio.

É um grande apoio aos planos de formação e de proteção dos corredores ecológicos. Equivale à "Silvicultura da Fazenda" por envolver práticas de suporte nas propriedades agrícolas que integram produções agropecuárias e florestais, quando os plantios são normalmente feitos com mudas advindas de alto fuste e pode ser também de multiplicação vegetativa. Entretanto, na Silvicultura Ambiental são aplicadas técnicas para unidades florestais de conservação, de preservação e de recuperação das áreas rural e urbana.

Na Silvicultura intensiva o propósito é diferente por exigir alta tecnologia e grandes investimentos que assegurem a obtenção de produtos com melhor qualidade e maior quantidade por unidade de área. Esta tem a responsabilidade de atender as necessidades dos grandes mercados, especialmente os de necessidades industriais. Há atualmente a silvicultura intensiva de precisão, controlada por modelagem, que regula as grandes produções com programação que atenda os grandes mercados.

A produção de mudas por alto fuste com emprego de tubetes e produção de clones é dispendiosa, mas os plantios geram produtos mais rentáveis e com retorno mais rápido.

A pretensão desta obra é transmitir as noções básicas que possibilitem ao produtor gerar os produtos e sustentar a produção florestal.

Para que isso aconteça, a silvicultura moderna está composta de diversos processos que permitem ao empreendedor atingir o ponto ótimo do desenvolvimento setorial florestal em qualquer nível do empreendimento rural.

Em um processo sistematizado a meta é alcançar a eficiência nas atividades, para aumentar com segurança a produtividade por unidade de área rural.

Qualquer processo, em um sistema de baixa diversidade em espécie, alcançará o sucesso quando a altura dominante das regenerações florestais estiver em função da idade das árvores da floresta, e a produção em função da altura dominante. Em floresta natural, onde é grande a diversidade em espécies, o sucesso é alcançado quando a produção está em função das diversas classes de diâmetros dos tipos florestais.

Nas áreas com manchas florestais naturais remanescentes, dispersas nas pequenas propriedades, a produção será incrementada por enriquecimento que amplie e regule as classes de diâmetros.

Para que haja prática eficiente em Silvicultura Extensiva é preciso algum conhecimento básico de Ciências Ambientais, como guia nas tomadas de decisões, especialmente na área de

Ambiência, porque envolve aplicação técnica em preservação, proteção, paisagem, produção direta, produção indireta e recuperação do meio e do ambiente.

Como já se observa, os estudos de Silvicultura são para transferir conhecimentos dos princípios básicos que possam garantir sucesso nos empreendimentos.

Qualquer processo definido na prática de silvicultura normalmente envolve a condução, a remoção e a reposição da produção florestal, que resultará no multiuso das florestas.

Os diversos sistemas na Silvicultura englobam três metas principais:

1. Método de regeneração, que constitui o objetivo particular de restabelecer floresta natural ou plantada com auxílio humano;
2. Tipos de produtos, como os madeireiros, usados para celulose, estacas, esticadores, esteios, laminado, lenha, postes, ripas, tábuas, vigas, etc., e não madeireiro, como casca, essência, fibra, flor, folha, fruto, lignina, raiz, resina, seiva, semente e;
3. Dispersão da cultura na floresta como um todo, considerando especialmente os processos de produção, de proteção e o de amenidade ou ecológico que favoreçam o ambiente e o meio.

A aplicação prática dos sistemas está estreitamente conjugada com a necessidade de uso do produto desejável da floresta, que se pode originar das formas direta e indireta.

Portanto, o objetivo da silvicultura é gerar produtos florestais e sustentar a produção. Devido a isso, o programa da especialidade é organizado para atualizar profissionais nos conhecimentos das técnicas e práticas que tornem as regenerações com produções florestais diretas e indiretas sustentáveis, assegurando proteção, rendimento e desenvolvimento rural.

Produção florestal direta atende o mercado com produtos madeireiro e não madeireiro. Assegura retorno com lucro, com o passar do tempo, do capital investido. Ocorre quando o produto tem preço e atende a demanda do mercado.

No contexto ambiental o objetivo geral da silvicultura é a produção indireta aonde for necessário, para oferecer amenidade, controlar erosão, o nível do lençol freático, promover drenagem, reduzir ruído, proteger lavouras e encostas, purificar água e ar e principalmente prevenir incêndios na zona rural.

São técnicas que podem gerar despesas com benefícios sustentáveis, mas nem sempre de efeito com retorno ao curto prazo.

2   AMBIÊNCIA

Ambiência é o meio em que vivem os seres. Considerando tudo aquilo que compõe o sistema ambiental, como os componentes ecológico, econômico e ainda físico e social, equivale dizer que é o viver da comunidade relacionada a um ambiente potencial onde possa progredir.

Na ambiência há necessidade de conhecimento da biofísica para que se desempenhe a engenharia ambiental, que reverte os resultados das biociências, ciências ambientais, biológicas e exatas em tecnologia ambiental. Por isso, envolve os vários estudos sistemáticos do trabalho humano, em seus aspectos diversos, criando processos e métodos que contribuem para o desenvolvimento da sociedade.

Contendo a biosfera, os biomas e os ecossistemas, a ambiência considera todas as regiões da heliosfera terrestre favorável à autotrofia e à heterotrofia, e todas com possibilidade de vida das espécies animais e vegetais.

A biosfera, que detém energia de base solar, contém inúmeros ciclos especialmente os do carbono, do nitrogênio, do fósforo, do enxofre, do cálcio e do oxigênio, ligados às diversas ações bacterianas e às cadeias alimentares.

Energia luminosa emitida pelo sol ao espectro eletromagnético contínuo promovendo sensibilidade aos olhos humanos é a luz. Como fonte de energia, de base solar, promove desenvolvimento e produção vegetal.

Outra luz como agente biológico é o *quantum*, a radiação de energia dos elétrons em certa quantidade fixa chamada *quanta*. Ocorre quando a luz é absorvida pela matéria e se comporta como um fluxo de partículas discretas indivisíveis. A teoria quântica estabelece que a energia do *quantum* é proporcional à frequência e ,assim, constante de proporcionalidade de Planck.

2.1. CONSIDERAÇÕES GERAIS

Está caracterizado que os elementos componentes do meio geram grande diversidade ambiental e social formando um complexo difícil de administrar e suprir as necessidades humanas, sem o risco de promover degradação.

Para evitar, e quando necessário recuperar, a degradação do meio é preciso emprego dos conhecimentos, científico e tecnológico, para que se possa usufruir o conjunto do ambiente formado de água, ar, clima, raios solares e solo.

Quando o filósofo Sócrates (Atenas de 470 a.C. a 399 a.C.) pregava a virtude e a sabedoria nas ruas de Atenas, as Ciências já existiam, formando um conjunto de concepções acerca dos seres humanos e das relações com o universo. A ele seguiram-se Platão e Aristóteles com ideias sobre os seres vivos e o universo. No período de Aristóteles a Newton havia a filosofia natural, que era parte da física e já abrangia disciplinas sobre fenômenos naturais, dinâmica, geofísica, mecânica e socioambiental.

No período seguramente já havia vasto conhecimento sobre o carbono, elemento condutor das vidas animais e vegetais, e os demais das ciências ambientais que continuaram progredindo em bases experimentais e conceituais até o início do século XX. Enquanto os estudos da vida no sentido biológico avançavam, o desenvolvimento tecnológico permitiu a melhoria de mão de obra e ampliação de emprego com o avanço da industrialização.

Os acontecimentos industriais nos anos de 1945 a 1970 fizeram a economia experimentar, principalmente no mundo capitalista, um período de sucessiva expansão e de grande transformação na estrutura produtiva, incentivando maior progresso no setor industrial, especialmente no automotor, no de bens de capital e de consumo durável e nos da química e da petroquímica, e assim ocorreram mudanças no ciclo, nas estruturas e nas diferentes formas combinadas do carbono.

Então, em parte por isso, começaram a surgir na década de 70 progressivos sinais de esgotamento desses modelos produtivos porque o avanço da tecnologia do meio ambiente, como manejo dos recursos, reciclagem, reprocessamento e tratamento, não receberam no período o estímulo compatível. O avanço industrial expandiu o consumo de produtos florestais no Brasil originando em 1966 o incentivo fiscal às atividades de reflorestamento, que promoveu maior avanço na silvicultura brasileira.

Mas em questão mundial, exploração excessiva e desperdício de recursos, o acúmulo de resíduo industrial e a poluição começaram a sobrecarregar o sistema de produção gerando crise, recessão na economia e preocupação da população mundial com o meio ambiente culminando com a Conferência Mundial sobre o Meio Ambiente.

Após essa Conferência, realizada em 1972 em Estocolmo, as questões ambientais começaram a ser introduzidas nas políticas de desenvolvimento de muitos países, especialmente os mais desenvolvidos.

Até esse momento, os conceitos do ambiente econômico prevaleciam sobre os do ambiente ecológico. A ideia vigente de que a humanidade vivia em ambiente visivelmente ilimitado mudou quando a população mundial percebeu que o mundo é como uma nave espacial, isto é, o mundo é finito e a economia deveria se ajustar à de um astronauta.

O Brasil, como componente da referida Conferência, promulgou em 31 de agosto de 1981 a Lei n. 6.938, que estabelece as bases da Política Nacional de Meio Ambiente e que foi regulamentada por meio do Decreto Federal n. 97.632, de 10 de abril de 1989.

No relatório da Comissão Mundial sobre Meio Ambiente de 1987, intitulado "Nosso Futuro Comum", cuja presidente senhora Gro Brundtland foi primeira ministra da Noruega, há abordagem sobre o estágio em que o progresso começou a comprometer as futuras gerações, que certamente herdarão muitas e sucessivas dificuldades remanescentes do mau uso do meio ambiente pelas gerações precedentes.

Antes do relatório dessa Comissão, a sociedade mundial não relacionava com ênfase os problemas ecológicos com os econômicos e sociais. Então, começou a se difundir, especialmente na administração de muitos países, a consciência de que as questões ambientais, além de serem introduzidas em programas de governos deveriam ser tratadas em conjunto com as populações afetadas.

Ao iniciar 1990 o governo brasileiro tomou a decisão de sediar a Conferência Mundial de Meio Ambiente, e em junho desse ano foi organizado no Brasil o fórum das ONGs, com a participação de aproximadamente 700 organizações mundiais que se reuniram em 1991 para organizar e atuar na Conferência Mundial de 1992 ou Forest 92, no Rio de Janeiro.

2.2. TECNOLOGIAS DO MEIO

Antigamente, quando muitos meios detinham muito espaço ambiental disponível, fronteiras eram abertas, sem grandes preocupações, para atender as necessidades econômicas. Até aí o rendimento era horizontal e, por conseguinte, mais cômodo.

Atualmente sabe-se, porém, que a variedade de recursos, natural e transformado, se apresenta com uma enorme dificuldade para a escolha da melhor maneira de se administrar o meio de forma sustentável.

Surgindo limitações de recursos e de depósitos para absorver rejeitos, o ser humano passou a investir no rendimento vertical, mas tal decisão não poderia alcançar qualquer país porque requer altos investimentos em ciência e tecnologia.

Surgiu então a convicção de que os maiores consumidores de recursos das reservas disponíveis no mundo teriam maior condição de arcar com tais responsabilidades.

Os países mais consumidores são em paralelo os mais evoluídos especialmente nos assuntos científicos, culturais, econômicos, ecológicos, educacionais, financeiros, sociais, técnicos, turísticos e de poder militar. Há que considerar que a maioria desses países possui populações com índice compatível ao ritmo do próprio desenvolvimento, que somadas atingem em torno de 25% de toda a população mundial.

Cientistas, especialmente desses países mais evoluídos, participaram em 1997 da reunião que discutiu o uso de fontes de energia que não degradam o ambiente e definiram o Protocolo de Kyoto. Esse protocolo representa o esforço conjunto de cientistas que buscam soluções para o controle da emissão dos gases poluentes, causadores do efeito estufa, o que contribui para elevar o aquecimento da Terra.

Emissão de gases poluentes, chuvas ácidas e derrubadas indiscriminadas são elementos que reduzem a área e o potencial das florestas naturais e plantadas e desvirtuam a vocação inerente e a capacidade de sustentação do meio.

Isso gera a necessidade de se definir o modo de analisar e decidir por intermédio da ciência sobre o manejo e o uso das florestas, sem a liberação de carbono. Para tal, é preciso saber se o recurso natural pode ser quantificado, se é limitado, qual a maneira de explorá-lo e qual a decisão a ser tomada.

Para que haja entendimento inicial sobre a tecnologia necessária a um bioma é preciso considerar a influência da interação e a inter-relação entre organismos vivos, a eficiência energética, a relação entre populações, o clima, a disponibilidade de alimentos, a disponibilidade de recursos e a autorregulagem de animais e de vegetais.

2.3. BIOMA

O conjunto de formas de vida ou de populações, formando comunidades, o que ocupa uma grande área de ambiente natural, sob influência de um mesmo clima, é definido como bioma. Os biomas são caracterizados por abissos, águas fluviais e oceânicas, cerrados (Figura 1), desertos, estepe, florestas naturais das regiões temperadas e tropicais, mata atlântica, tundra e savana.

Figura 1. Campo sujo, componente do bioma cerrado.

Bioma poderá constituir uma região, de clima e fatores físicos característicos, contendo flora e fauna adaptadas a essas condições, com vocação definida.

A ocorrência de cada um, em termos gerais, depende da presença dos componentes característicos do meio, principalmente de flora e fauna capazes de produzir ou de favorecer produção, tornando possíveis as conversões favoráveis que aufiram bem-estar, produtividade e proteção ao ser vivo.

Por mais inóspito que seja o bioma será sempre possível ao ser humano introduzir melhorias em termo de assentamento, paisagem, rendimento, salubridade e desenvolvimento que transformem o ambiente ecológico e socioeconômico em um meio viável. Mas tal possibilidade exige da comunidade conhecimentos, estudos e aplicação de biofísica.

O abisso, ou zona submarina, na costa brasileira, abrange extensa região com camada de petróleo de 200 m a 300 m de espessura a cerca de 7.000 m de profundidade.

Convém observar que qualquer bioma, mesmo o mais rentável, sendo mal administrado, tende a se tornar descaracterizado, por atingir o limite do gradiente normal, deixando de ser sustentável.

Mudanças nos componentes ambientais, provocadas especialmente por drástica alteração na cobertura florestal, dificultam regeneração artificial e natural no bioma florestal e, muitas vezes, mesmo com o auxílio da regeneração mista, há dificuldade de se manter florestas e meio sustentáveis, dificultando a conversão dos meios de outros biomas em meios florestais.

2.4. BIOFÍSICA

Biofísica é parte da biociência que estuda fenômenos que influem na vida e no ambiente natural, aplicando os princípios das teorias e dos métodos próprios da Física.

Em ambiente natural há sempre a ação dos agentes biológicos e dos fenômenos diversos influenciando os seres vivos, nas formas de energia como luz, eletricidade, calor e, como outros, os relacionados com a ionização do meio, com as influências de superfície, com o estado coloidal e suas consequências no pH, com as partículas poluentes, etc.

Luz é toda região do espectro eletromagnético, de radiação contínua, de energia emitida pelo sol, que provoca sensibilidade aos olhos. Espectro é o conjunto de radiações monocromáticas, resultantes da decomposição de radiação complexa da luz.

Entre os agentes biológicos há as radiações adaptativas, evolutivas e de emissão de partículas ou de luz que exercem influências sobre os seres na natureza.

No que se refere à luz, além do conceito físico há o psico-físico em relação à sensibilidade dos seres vivos, pois a energia de radiação é emitida continuamente pelo Sol ao espectro eletromagnético.

As propriedades dessa energia são de natureza dupla, desde que na propagação do comportamento seja em forma de ondas, embora a interação com a matéria seja um fluxo de partículas de energia de luz *quanta* ou fótons, porque o espectro se estende desde ondas longas, de baixa energia *quanta* de ondas de rádio até a extremamente alta energia *quanta* dos raios solares.

Quando a faixa de luz do dia permeia energia por unidade de comprimento de onda, entre 380 nm a 770 nm (nanômetro ou 10^{-9} m), parte é visível pelo ser humano e inclui a região do ultravioleta de 300 nm a 400 nm, absorvida pela camada de ozônio de comprimento menor que das radiações visíveis, e a do infravermelho, que é absorvido por vapor de água, na faixa acima de 720 nm, onde há maior aquecimento e nenhuma radiação visível no espectro.

No período do amanhecer e no do anoitecer os comprimentos de ondas ficam situados em torno de 450 nm a 770 nm, e no meio do dia ficam aproximadamente entre 300 nm a

430 nm, faixa não recomendável para irrigação de gramas, arbustos e mudas expostas à luz direta no campo e no viveiro.

Pelo espaço a luz se propaga em três propriedades particulares de ondas, como: comprimento, frequência e número de ondas. Esses parâmetros são relacionados pela equação:

$$\partial = 1/y = v/c$$

Onde:

∂ = número de ondas;

v = frequência;

y = comprimento de onda; e

c = velocidade da luz.

No campo da Fisiologia as regiões do espectro entre 600 e 700 nm representam a luz vermelha, e entre 700 e 800 nm são consideradas regiões do vermelho extremo ou do infravermelho. Os efeitos do vermelho e do vermelho extremo podem ser opostos ou antagônicos. A floração na forma natural, ou teste de germinação de sementes de certas espécies, poderá receber estímulo pela incidência de luz vermelha e ser inibida pela luz próxima do vermelho extremo, mas isso depende do tipo de sensibilidade do pigmento existente na espécie, como o fitocromo.

Qualquer processo biológico iniciado por luz depende da absorção desta por substâncias fotorreceptivas específicas que ficam ativadas ou recebem mais energia, no processo. Dessa forma, o processo primário na sequência de reações fotomorfogênicas é uma reação fotoquímica.

Nas copas das árvores a luz é absorvida pelas folhas ou pelas acículas pelo processo de fotossíntese, produzindo oxigênio e absorvendo gás carbônico. Fotossíntese é a reação bioquímica que ocorre nas plantas verdes, com clorofila, na presença da luz, a partir das moléculas minerais simples como CO_2, H_2O, etc., produzindo moléculas de compostos orgânicos glicídicos de pouca massa molar como carboidratos ou hidrato de carbono.

Figura 2. Árvores expostas à luz solar direta durante o desenvolvimento. Fuste afilado, muitos galhos por verticilo, galhos longos e verticilos muito próximos.

Entretanto, a fotossíntese fornece a energia que estimula a germinação de sementes, possibilita o crescimento e o incremento da planta, mas não regula com ênfase o padrão de desenvolvimento vegetal porque a luz nesse caso exerce o mecanismo de fotocontrole. A céu aberto as mudas e árvores expostas sofrem influência da luz solar direta em excesso, como na Figura 2.

No fotocontrole, a fotorresposta é pelo mecanismo adaptador da planta à radiação no ambiente. Assim, é possível considerar três tipos de desenvolvimentos de fotorrespostas: o fototropismo, o fotoperiodismo e a fotomorfogênese, que são também de alta importância para a silvicultura.

No fototropismo a luz estimula o crescimento da árvore em direção à irradiação incidente, cujo estímulo é feito por comprimento de onda de luz ativada fotoquimicamente. Desse modo, como mostra a Figura 3, fototropismo é o fenômeno em que o estímulo da luz externa promove resposta de crescimento direcionado ao órgão da planta.

Figura 3. As árvores laterais estão mais expostas à luz solar, e assim os seus galhos externos, por estímulo da luz direta, estão mais alongados.

Portanto, quando a luz direciona o incremento do eixo do fuste das árvores há o fototropismo, nos povoamentos homogêneos as árvores da periferia têm copas com galhos mais alongados para fora da população e o fuste é inclinado para o lado de maior incidência de luz. Entretanto, na comunidade densa as aberturas nos dosséis dando passagem à luz vertical incentiva o incremento da altura do fuste das árvores que recebem raios solares encimados.

O fotoperiodismo representa o estímulo de luz periódica não direcionada, tendo por resposta o desenvolvimento não direcionado. Por isso, em certas plantas há diferenciação biológica na fenologia quando a floração de algumas espécies ocorre na estação do ano com dias longos e outras na de dias curtos.

Fotomorfogênese é o mecanismo que inclui os meios em que a luz regula o desenvolvimento de forma diferente do fototropismo e do fotoperiodismo. Aí o estímulo da luz não é direcionado nem periódico. O seu controle será exercido pela luz sobre o crescimento, desenvolvimento e diferenciação da planta, independentemente da fotossíntese, quando detectado pelos componentes do mecanismo molecular que conduz o processo.

A significância funcional da distinção desses mecanismos é que a fotossíntese é um mecanismo para a captura de energia irradiada e com a conversão eficiente em energia química, a ser usada na síntese bioquímica, enquanto as outras reações fotoquímicas maiores, tal como visão e reações iniciais na fotomorfogênese, não são energias ganhas em reações de *per se*.

Todos os mecanismos influenciados por luz fazem parte do gradiente de recurso, que influi no gradiente de adaptação de plantas.

Adaptação de planta desperta alto interesse na silvicultura, especialmente nas fases de germinação de sementes e nas de desenvolvimento de mudas, pelo mecanismo responsável pela reação apropriada na presença ou na ausência da luz.

A planta que possui o mecanismo que detecta a sombra, provocada pelas árvores da comunidade, apresenta um elemento adaptativo vantajoso, quer ela tolere ou não sombra, mesmo que os padrões entre espécies sejam vários. Tudo isso auxilia o agrupamento de espécies de acordo com a categoria de exigência específica e da vocação nos métodos de silvicultura.

De grande importância a considerar é que na reação fotoquímica, na fotomorfogênese, o comprimento de onda de máxima energia por unidade de comprimento de onda varia desde a faixa de 470 nm a 650 nm na massa de ar. O fluxo interceptado na superfície da terra e a distribuição de energia espectral são alterados pela posição do Sol, nas horas do dia, pela latitude e pelas estações do ano.

Na superfície terrestre existem fatores que afetam a irradiação incidente como cobertura de nuvem, altitude, poluição, etc. que exercem influência no comportamento e na exigência das espécies florestais nacionais ou nativas e das exóticas.

Na silvicultura moderna, havendo interesse de enriquecimento, manutenção e preservação de florestas naturais, bem como de formação de florestas heterogêneas ou de monocultura com Angiospermas nacionais, a fotomorfogênese, assim como o melhoramento genético, deverá ser bastante considerada para que se alcance rendimento direto ou indireto desejável.

3

ECOSSISTEMA

Na natureza há interação e inter-relação entre os organismos vivos ou bióticos e os não vivos ou abióticos que promovem trocas de elementos e compõem um sistema ecológico ou um ecossistema. Assim os ambientes de meio físico e as comunidades biológicas diversas que neles vivem constituem os ecossistemas. Há também intensa relação entre os fenômenos físicos e humanos, que é regularmente estudada pela Geografia, o que permite compreender as necessidades do ser humano ante as florestas ou nos outros ambientes diversos.

Organismo vivo é o conjunto de órgãos que constitui um ser; já o órgão é formado de tecidos e estes de células, que são as unidades morfológicas e fisiológicas dos seres vivos.

Na crosta terrestre o clima é muito variável porque resulta do conjunto de fenômenos meteorológicos como pressão atmosférica, precipitação, temperatura, umidade, vento, em alteração na atmosfera. O clima continental difere do oceânico ante as alterações constitutivas divergentes por nebulosidade, pressão atmosférica, temperatura e umidade principalmente. Nos continentes o clima divide-se em clima de alta montanha, desértico, equatorial, mediterrâneo, polar, subequatorial e subtropical, temperado e tropical. Devido a isso as florestas são caracterizadas em diversas comunidades e composição variada da flora.

Entretanto, os fatores que mais promovem as divergências são os geográficos, que nos levam à necessidade de se compreender a geomorfologia, a climatologia, a hidrologia, a pedologia e as biogeografias locais, para definir a contento a silvicultura do manejo do ecossistema florestal.

Cada população de organismos vivos apresenta um intervalo de tolerância própria, em relação aos fatores do meio físico ou do ambiente, mas, embora cada tolerância não apresente limites bruscos na população isolada ou como parte da comunidade, declina sempre na direção dos extremos do gradiente, devido às diversidades existentes no meio.

Convém mencionar que quanto menores a área de domínio e a diversidade no ecossistema, maior será a suscetibilidade aos efeitos dos fatores adversos.

3.1. INTERAÇÃO E INTER-RELAÇÃO

Diversas áreas na natureza, contendo substâncias vivas e inanimadas que provocam trocas de materiais entre os seres bióticos e os abióticos, desenvolvem interação e inter-relação entre elas, constituindo o sistema ecológico ou o ecossistema.

No ecossistema os seres produtores e consumidores necessitam de energia para promover suas atividades vitais como absorção, transpiração, produção e transporte de substâncias.

A energia luminosa ou de radiação solar é a fonte de quase todas as formas de energia disponíveis, essencial nas reações bioquímicas da fisiologia dos seres animais e vegetais.

Os vegetais que não recebem luz não promovem fotossíntese e, nesse caso, as trocas gasosas que ocorrem são promovidas pela respiração. Portanto, no ser vivo, a energia pode advir também da respiração.

As árvores na floresta, sob radiação de luz solar, absorvem água, sais minerais e gás carbônico, e durante a fotossíntese liberam oxigênio. O processo de absorção de carbono e a liberação de oxigênio, promovendo síntese de substâncias, ativam o incremento das árvores e a produção florestal.

Nas florestas naturais e densas há árvores intolerantes e tolerantes misturadas e sob diferentes intensidades de luz solar direta formando diversidade, cuja produtividade dependerá do balanceamento das árvores por classes de diâmetros. A dispersão desse balanceamento é que promoverá o ótimo da interação e inter-relação na comunidade, ativando o rendimento.

Enquanto nas florestas naturais com pouca diversidade e nas plantadas que formam monocultura houver predominância de espécies intolerantes à sombra, o rendimento será alto devido à alta concorrência e às eficiências de interação e de inter-relação das espécies integradas no gradiente.

4 FLORESTAS

Uma floresta é definida como o conjunto denso de árvores, por unidade de área, com regeneração artificial, natural e mista.

Floresta Artificial é a gerada por interferência humana por meio de plantios de florestamento, de reflorestamento, de plantação consorciada e de plantação em grupo.

A Floresta Natural pode ser primária ou secundária. Primária é quando ainda não sofreu intervenção humana, apresentando mais de 40 m^2 de área basal por hectare e é secundária quando já foi manejada e apresenta densidade entre 30 e 40 m^2 por hectare. Ocorrendo intervenção indiscriminada, ou mal calculada, a densidade atingirá entre 18 e 30 m^2 de área basal por hectare.

Quando a densidade da floresta vai diminuindo, devido a catástrofes, cortes excessivos ou sucessão acelerada, tornar-se-á capoeira, com densidade entre 10 e 18 m^2 por hectare; capoeirinha, de 02 a 10 m^2 por hectare; e macega, com menos de 2,0 m^2 de área basal por hectare.

O cerradão, se em vez de mata fosse floresta, estaria na classe de capoeira e o cerrado na de capoeirinha, e o cerrado ralo seria macega, devido às suas respectivas densidades por hectare.

Quando a latitude vai se distanciando da linha do Equador, em direção ao polo norte ou ao polo sul, a diversidade das florestas diminui até o início das calotas polares, onde não mais existe vegetação alguma. Com base nisso, há florestas de regiões equatoriais, florestas de regiões tropicais e florestas de regiões temperadas.

Florestas tropicais possuem ampla diversificação em acessibilidade, composição da flora, número de árvores por hectare, forma das árvores, variações de incremento e de solo e grande número de espécies com tecnologia e uso desconhecidos.

Quando a floresta natural perde a densidade e entra no processo de degradação, deixa de responder a qualquer tratamento de regeneração natural, e não auferindo mais nenhum rendimento, poderá sofrer corte raso e ser substituída por qualquer empreendimento rentável, como o da regeneração artificial.

4.1. TIPOS FLORESTAIS

Tipos florestais são estratificações formando mosaico, com base nos aspectos biológicos e ecológicos, cujas delimitações indicam que as florestas naturais tropicais são um conjunto de associações vegetais.

Em um tipo florestal é raro ocorrer espécies com a mesma distribuição ao longo do gradiente ambiental devido a competições entre espécies na comunidade vegetal.

Assim, o ótimo da distribuição ecológica reflete a capacidade de sobrevivência das espécies na competição entre elas e por isso não coincide com o ótimo do desenvolvimento fisiológico, pois a abundância de cada espécie na comunidade não atinge o máximo em qualquer ponto do gradiente.

O modo aceitável para delimitar os tipos florestais é por meio da curva de ocorrência das espécies, ou curva do coletor.

Sob o ponto de vista ecológico, associação florestal é a unidade fundamental da vegetação. A natureza do ambiente é a base da associação perfeitamente caracterizada, em termos de vegetação.

Onde predomina bambu, o tipo florestal é caracterizado pelo bambu. Ucuuba da várzea caracteriza o tipo florestal de várzea.

Portanto, ecologicamente, a floresta tropical úmida na região amazônica poderá ser subdividida nos seguintes tipos florestais:

A. De terra baixa de solo pantanoso:
  1. De várzeas – estacional e de maré.
  2. De igapó – que fica permanentemente inundado.

B. De terra firme:
  1. De solos arenosos – geralmente floresta de flanco sobre depósito quaternário.
  2. De solos argilosos.
    2.2. Floresta de planalto sobre solo terciário.
    2.3. Terrenos ondulados, podendo ser uma formação desnuda terciária sobre rochas antigas geralmente protegidas.

4.2. ESTRUTURAS FLORESTAIS

As relações entre indivíduos das espécies que compõem as florestas, formando um conjunto integrado e subjacente à variedade dos fenômenos ambientais, constituem as estruturas florestais.

Na Amazônia, há florestas rigorosamente contínuas nas áreas de difícil acesso – no passado eram as do Estado do Acre que tinham essa característica. Nos demais estados as florestas apresentam manchas de diversas formações, compondo uma diversidade estrutural, que incluem campos, cerrados, igapós, manguezais, várzeas, veredas e variadas comunidades florestais.

Nas manchas a composição da flora e a densidade variam ao ponto de formarem os quatro grandes grupos: dos manguezais, das matas de várzea e de terra firme e o igapó.

Nas comunidades as estruturas florestais são variáveis, devido à composição da flora, densidade, gradientes, intensidade de luz, temperatura, topografia e umidade.

A composição e a densidade variam à medida que sofrem influência do regime hidrográfico, a que se acha submetido o substrato da floresta.

O gradiente ambiental exerce influência, quer seja de recurso como intensidade de luz, nutrientes, etc. ou de condições de *habitat* como pH, topografia, altitude, etc., devido à evolução de indivíduos, das espécies na comunidade que se situam no gradiente, de tal modo que a competição entre eles dificilmente ocorre.

O sub-bosque das florestas densas de terra firme é normalmente limpo facilitando o acesso, mas nos trechos com densidade menor são encontrados sub-bosques densos, impenetráveis, muitas vezes cheios de cipós, com plantas espinhentas e grande ocorrência de gramíneas.

Nos estratos intermediários inferiores as árvores das espécies percorrem as classes de diâmetros na condição de tolerantes, onde as geneticamente melhores e de gradiente favorável ganham a concorrência. Entre essas há algumas abioranas, o acapu, a acariquara, a andiroba, o angelim rajado, os breus e outras espécies.

As estruturas florestais mais definidas devido ao conjunto de disposições são: a estrutura vertical e a estrutura horizontal.

4.2.1. Estrutura vertical

As florestas constituem-se normalmente de camadas de copas de alturas variadas, formando diversos estratos. As várias alturas definem não somente as formas de crescimento, mas também as formas de vida das árvores e as estruturas das florestas.

Em geral a estrutura vertical das florestas é constituída de camada dominante, da codominante, das intermediárias e das dominadas.

Nas dominadas há mudas, varolas, varinhas, varas e árvores jovens.

Nas camadas intermediárias há as árvores jovens, em estágios de concorrência e de crescimento, das espécies intolerantes e tolerantes.

Na camada de copas codominantes há árvores das espécies intolerantes ainda em crescimento, e as tolerantes na fase final de desenvolvimento.

Figura 4. Ao fundo, a floresta natural de pinheiro do Paraná apresentando tetos dominante, codominante e intermediário. À esquerda há o reflorestamento com *Pinus* apresentando tetos e diâmetros diferenciados. Ao fundo à esquerda há uma copa emergente de pinheiro-do-paraná.

A camada dominante é constituída das espécies intolerantes. As folhas e os galhos das árvores dos dosséis principais e dominantes da floresta absorvem ou refletem, e espalham a energia da luz solar.

A luz direta ou difusa que penetra nas camadas inferiores é usada pelas árvores que as compõem.

Muitas espécies ultrapassam a camada dominante ao se tornarem emergentes e possuírem copas côncavas de ramificação simpodial como angelim pedra *Dinizia excelsa* Ducke (*Leguminosae*), mandioqueira *Qualea albiflora* Warm. (*Vochysiaceae*), quaruba ou cedrorana *Vochysia máxima* Ducke (*Vochysiaceae*) e sumaúma *Ceiba pentandra* Gaertn (*Bombacaceae*). Essas espécies emergentes distribuem-se isoladas ou formando pequenos agrupamentos bem delimitados. São muito sujeitas às quedas por força de ventos fortes.

Tanto as árvores individuais como o conjunto de árvores de mesma altura que formam camadas de copas ficam dispersas nas florestas, compondo as diferentes estruturas florestais. A camada ou o teto de copas dominante é que sustenta a estrutura da floresta porque define a densidade, o incremento e a produção desta.

Quanto maiores o número e o tamanho das clareiras na floresta, mais instável será a estrutura porque ficará mais sujeita à sucessão ecológica. Desaparecendo o teto dominante da floresta quem ficará no seu lugar será o teto codominante, e assim a floresta iniciará um processo de perda de densidade, não retornando mais ao estágio inicial a não ser que receba regeneração mista bem planejada.

4.2.2. Estrutura horizontal

Essa estrutura registra a dispersão espacial das árvores das espécies componentes da floresta.

Organização ou ordenamento espacial entre os indivíduos das espécies no gradiente forma os padrões ou as dispersões aleatória, agregada e regular.

Quando a dispersão dos indivíduos é ao acaso, ou se a situação individual é determinada por fatores independentes dos que determinam a localização natural, a dispersão dos indivíduos da floresta fica ajustada à distribuição de Poisson. Entretanto, esta distribuição ao acaso ou aleatória é menos frequente na natureza porque os fatores no *habitat* ou sítio não são uniformes em todas as suas características, e os indivíduos não estão totalmente independentes na comunidade.

O padrão regular é mais raro ou incomum por se encontrar em gradientes de climas extremamente secos ou de muito baixa temperatura, associados aos ventos fortes e indicando defesa climática vegetal.

Padrão agregado ocorre com mais frequência em virtude de os descendentes das árvores adultas das espécies, mesmo estando no padrão aleatório ou regular, poderem se estabelecer no padrão agregado por causa da dispersão das sementes, e a produção de mudas ocorrerem em torno das matrizes, a regeneração ser por brotações de raízes e de cepas, de haver inter-relação entre espécies e pela diversidade de microclima.

Quando as árvores das espécies crescem na comunidade provocam mudanças nos padrões espaciais devido à concorrência entre espécies, por mudarem sucessivamente de classe de diâmetro e por sofrerem interferência antrópica.

Para se avaliar o tipo de dispersão espacial deve-se calcular o coeficiente de dispersão (CD), dividindo-se a variância (S_2) pela média da população $\bar{x}$, como segue:

$$CD = S2 / \bar{x}$$

E assim:
CD < 1, quando a dispersão é aleatória;
CD > 1, quando a dispersão é agregada;
CD = 1 quando a dispersão é regular.

A importância para a silvicultura é facilitar os planos de distribuição da produção das florestas, com base na dispersão das árvores das espécies componentes.

4.3. FENOLOGIA

A fenologia, como parte específica da Botânica, estuda as relações dos processos biológicos no ciclo evolutivo periódico dos vegetais. Os eventos periódicos das plantas como brotação, floração, frutificação e mudança foliar formam ciclos evolutivos que ocorrem relacionados com os fatores bióticos e abióticos, influenciados pelos elementos da natureza como: fotoperiodismo, pressão atmosférica, pluviosidade, temperatura e umidade.

Os eventos sazonais ou repetitivos mais considerados na fenologia são a produção e a perda das folhas, floração e frutificação, porque fazem parte do ciclo de vida vegetal, possibilitando a relação estimativa direta do vegetal com os elementos do meio.

Os eventos são de importância no registro de amadurecimento de frutos e de sementes, de crescimento, de incremento de variáveis, de concorrência entre espécies, da dinâmica de populações ou de comunidades e das produções.

Registros de eventos de fenologia, além de detalhados no acompanhamento dos ciclos, devem ser periódicos para permitir interpretação segura dos acontecimentos, mesmo que a repetição periódica ou sazonal de cada evento não coincida com a mesma espécie no gradiente.

4.3.1. Brotação

Brotação é a regeneração vegetal, sem reprodução sexuada, por meio de brotos gerados na raiz, no caule, nos ramos e na casca das árvores.

Na Silvicultura, a brotação dá origem às diversas técnicas de produção de mudas e de talhadia.

A aplicação de substâncias hormonais e químicas ativa a brotação, melhorando o rendimento na produção de mudas no viveiro.

As espécies florestais com as melhores características para emitir brotação pertencem à subdivisão Angiosperma, embora algumas das Gimnospermas tenham essas características. Entre as Angiospermas, o gênero *Eucalyptus* é o que apresenta mais facilidade de brotação e de rendimento, e nas Gimnospermas *há Pinus caribaea e Pinus oocarpa.*

A multiplicação por brotação não envolve sementes e sim brotos que se regeneram da raiz e da cepa do fuste das árvores cortadas, aneladas ou tombadas. Sua importância é garantir a regeneração de espécies de difícil regeneração por sementes, devido a problemas ecológicos e genéticos.

O kiri é apropriado para regeneração por raiz, enquanto que o eucalipto, o pau-rosa e o sabiá são por brotação de cepas.

Para as espécies de *Eucalyptus*, a produção de mudas por brotação garante incremento mais rápido, maior resistência às doenças, bom vigor e uma melhor homogeneidade das árvores.

A regeneração por meio de brotação de cepas, remanescentes dos cortes de exploração florestal, será rentável e segura quando:

- As cepas têm capacidade de oferecer boa brotação;
- A espécie tem um bom potencial;
- O método de corte é apropriado; e
- A rotação é viável.

Assim, regeneração de povoamento florestal por meio de manejo de brotação de touças é a reposição de árvores e de volume do estoque, por meio de brotos que se regeneram da cepa do fuste de árvore cortada, anelada ou tombada.

Essa regeneração é mais viável em povoamento composto de espécies intolerantes e de rápido crescimento, com capacidade para reposição de estoque logo após as derrubadas de exploração florestal, sem a necessidade de produção de mudas e das operações de plantio e de pós-plantio. No objetivo desta regeneração estarão incluídas vantagens técnicas e operacionais de silvicultura, ecológicas e econômicas.

Na reposição de estoque pós-exploração o período de incremento da brotação necessita das técnicas de tratamento diferentes do efetuado no pós-plantio de mudas.

A espécie apropriada para regeneração por brotação apresenta vantagens econômicas, de cultivo e ecológicas em termos de rendimento. Quando bem planejada produz três rotações de corte raso, uma do plantio inicial e duas das brotações.

A primeira rotação advém de plantio com mudas, por regeneração de alto fuste, que após ser explorada origina a segunda rotação, que é por brotação das cepas. Esta rotação poderá ser mais rentável quando produz em melhores condições genéticas, fisiológicas e de sítio. A terceira oferecerá um rendimento menor que o da primeira rotação devido à perda das vantagens dos fatores já citados. Nesta condição uma regeneração a partir da quarta rotação já não será satisfatória devido às perdas citadas.

Entretanto, se a regeneração inicial do povoamento for oriunda de clones, o rendimento do estoque de madeira por rotação será bem maior e pouco diferenciado, entre rotações, especialmente devido às vantagens adquiridas por melhoramento genético. Neste caso haverá uma homogeneidade em termos de árvores, povoamento ou população, e estoque por rotação.

Quando clones plantados apresentam bom coeficiente de herança de genes em H e por vezes em DAP, especialmente para os volumes de madeira de *Eucalyptus grandis,* os brotos de cepa contendo reservas nutricionais ativam a competição, melhorando o incremento.

A capacidade nutricional do sítio é relevante no sucesso da regeneração por brotação devido à relação entre emissão de brotos e a mobilização das reservas de nutriente das raízes da cepa. Em média a manutenção de dois brotos, por cepa, apresenta boa rentabilidade. Há o momento em que os indivíduos das brotações passarão a depender da absorção do nutriente diretamente do solo, não mais das cepas, e daí o rendimento ficará em paralelo com a capacidade do meio.

Por isso, a partir da terceira rotação a rentabilidade declina, e não havendo rotação na regeneração de espécies poderá ocorrer absorção unilateral de nutrientes, tornando sucessivamente enfraquecidos os solos do sítio, prejudicando o rendimento.

Quanto maior a idade da regeneração maior será o diâmetro da cepa, e maior também o número de brotos, porém, a boa produção dependerá do broto selecionado, que poderá gerar uma árvore produtiva. Neste caso, o número de brotos e o período de desbaste da brotação serão importantes, porque envolvem a manutenção do vigor da árvore a se formar.

Para uma boa regeneração a cepa deverá ser jovem, sadia, receber luminosidade suficiente e ser bem tratada, para prevenir deterioração e consequente fraqueza, provenientes de ataques de pragas, de queimadas por incêndio e por sombreamento excessivo. Quanto maior o diâmetro da cepa, até uma determinada dimensão, é geralmente maior a quantidade de brotação.

Algumas espécies como *E. camaldulensis, E. citriodora, E. tereticornis, E. saligna* e *E. urophylla* possuem capacidade para intensa brotação em qualquer época do ano, quando a altura da cepa fica na faixa de 5 a 10 cm de altura.

O *E. grandis* apresenta deficiência de brotação à medida que vai ganhando idade, especialmente no período seco, mas, quando a cepa possui altura entre 10 e 15 cm, tal deficiência diminui na ordem de 10%, especialmente na época mais chuvosa do ano.

Geralmente, quando são mantidos um, dois ou até três brotos por cepa ou touça, não há diferença significativa na sobrevivência e no incremento em altura, até a idade de 5 anos, porém a manutenção de 2 brotos apenas eleva o diâmetro do fuste da varinha e o volume de madeira por hectare.

A produtividade vai progressivamente se reduzindo, principalmente após o terceiro corte pelo método de talhadia regular, havendo a necessidade de ser efetuada a reforma do povoamento após este corte.

O declínio da produtividade, em sucessivas rotações, fica diferenciado de conformidade com as diferenças de espécies e dos fatores edáficos, bióticos e climáticos acompanhados das técnicas de exploração, que influem na capacidade de sobrevivência e no incremento da brotação subsequente.

O grupo de componentes físico-químicos dos solos é importante para a produtividade das cepas, para a sobrevivência e para o incremento das brotações, por envolver alteração na fertilidade do solo.

Até um ano de idade, o rendimento do incremento da brotação dependerá da competição e da disponibilidade das reservas de carboidratos e dos nutrientes contidos nas cepas e nos solos circundantes.

Talvez por isso a brotação de *Eucalyptus grandis* em solos de areia quartzosa rende menos do que em latossolo vermelho-escuro, mesmo com seleção de brotos nas cepas.

No entanto, tais fatores variam com o tipo de povoamento florestal e as espécies componentes variam com o tipo de corte e da matéria-prima a ser produzida.

Eucalyptus spp., Cunninghamia lanceolata, Pinus caribaea, Pinus oocarpa, Tectona grandis, pau-rosa, kiri, sabiá e algumas outras espécies são passíveis de boa regeneração por brotação de cepas, mas suas produtividades dependerão de adoções de técnicas inerentes às implicações genéticas, fisiológicas e ambientais específicas.

No Brasil, as espécies amplamente regeneradas por brotação de cepas são as do gênero *Eucalyptus*, e o método de exploração mais conduzido é "corte raso" em grande extensão, que quase sempre ao longo prazo prejudica o rendimento solo-planta.

4.3.2. Floração

O período em que as árvores florescem é a floração. As árvores que crescem na floresta e atingem a maturidade entram na fase de reprodução ou no processo da floração, iniciado pela emissão de botão floral, em que o cálice fechado envolve e protege os demais componentes da flor.

Uma flor está completa quando contém cálice e corola que exercem proteção; o androceu, que é formado pelos estames cujos filetes sustentam a antera, produtora de pólen, e o gineceu ou pistilo, constituído do conjunto de carpelos.

O cálice geralmente verde é composto de sépalas, a corola é formada de pétalas normalmente coloridas. Antera é a parte superior dos estames, onde se formam os grãos de pólen que se libertam, e quando madura abre-se por deiscência. Carpelo é o conjunto que compõe o pistilo encimado pelo estigma que recebe o grão de pólen, cuja base é o ovário, que contém os óvulos.

Na natureza encontram-se espécies com flores unissexuadas ou monoicas e bissexuadas ou dioicas que promovem diferenças nas formas de polinização.

Assim, as flores sendo polinizadas produzirão os frutos e as sementes, capazes de garantir a regeneração das espécies.

Acompanhar a taxa de crescimento da floração é uma necessidade, mas depende do período de incremento, do porte das árvores, das variações ambientais, da qualidade de sítio, do potencial genético, de ataques de pragas e de doenças.

A periodicidade sazonal do incremento em altura das árvores é controlada, no processo natural, também por fatores genéticos, enquanto o incremento em diâmetro é mais susceptível às flutuações das condições ambientais e de densidade, cuja relação ajuda na previsão da fenologia.

A mudança foliar é mais ocorrente no período seco e a floração segue o período de mudança foliar; já a frutificação é mais frequente no período chuvoso, embora muitos frutos possam ser encontrados durante o ano todo. Irregularidades das estações poderão alterar e até sustar floração e frutificação de espécies.

Na floresta a frequência e a abundância da floração, os tipos de polinização, as sementes, os frutos, os meios e o sucesso da dispersão são fatores que exigem um considerável estudo sistemático. A produção floral poderá ser anual, bianual ou de maior intervalo, ou totalmente irregular nas árvores das espécies heliófitas, do teto principal, ou ciófita, do teto codominante. As árvores dos tetos inferiores produzem frutos e sementes de forma muito irregular e em pequena quantidade.

As árvores de muitas espécies das florestas tropicais são de polinização cruzada, por serem autoestéreis, necessitando da interferência do clima ou dos animais para que a polinização ocorra. Quando os animais visitam ou se alimentam de componentes das flores dispersam-se entre elas, no mesmo ou em diferentes indivíduos, distribuindo pólen e aumentando o fluxo de gene.

A castanheira-do-pará (*Bertholetia excelsa* H. B. K.) é uma espécie cuja polinização depende da interação de abelhas, como a mamangaba, do gênero *Bombus*.

Floração e frutificação são processos conjugados que geram sementes e garantem a regeneração das espécies de plantas espermatófitas ou fanerogâmicas.

As árvores de muitas espécies como as abioranas *Pouteria* sp., angelim dos gêneros *Dinizia* e *Hymenolobium*, piquiá *Caryocar villosum*, (Aubl.) Pers. e outras produzem flores apenas quando atingem o teto principal ou o dossel dominante das florestas. A temperatura pode alterar o período de floração de muitas espécies. As árvores de espécies do teto dominante não produzem flores necessariamente de forma continuada muitas vezes devido à influência de microclimas. Há espécies de floração regular, ou periódica, ou esporadicamente regular. Como exemplo, temos: *Astronium concinnum* Schott (gonçalo--alves), *Manilkara huberi* (Ducke) Cheval, (maçaranduba) e *Sclerolobium paniculatum* var. *subvelutinum* Benth. (velame) florescem de maneira irregular e em épocas variadas do ano, com predominância entre abril e outubro.

4.3.3. Frutificação

Frutificação é o período entre a formação dos frutos e a disseminação das sementes. Este período, para a maioria das espécies de interesse econômico, coincide com o de inverno e de primavera. Muitas espécies das famílias *Leguminosae* e *Lecythidaceae* produzem flores, frutificam e disseminam as sementes em um ano e não repetem mais o ciclo. A castanheira-do-pará frutifica de março a janeiro do ano seguinte e leva um ano para o amadurecimento, quando reinicia outro ciclo.

Para a boa formação de mudas nas regenerações, natural e artificial, há necessidade de uma fenologia favorável, mas tudo depende da ocorrência no processo biológico e dos fenômenos climáticos.

A diferença entre brotação e floração é importante para a regeneração, produção, rendimento da produção e garantia de retorno direto e indireto.

Para que se consiga boa regeneração artificial, em local de baixa ou sem frutificação das espécies, há necessidade de colheita e armazenamento de sementes.

4.3.3.1. Fruto

Fruto é o ovário desenvolvido e modificado que contém as sementes. Após a fecundação do óvulo há o desenvolvimento do ovário gerando o fruto, que se divide em carnoso e seco. Fruto carnoso é constituído de pericarpo, formado de epicarpo, que é a pele externa ou casca, do mesocarpo, a parte comestível chamada carne ou polpa, e do endocarpo, que é a parede do núcleo. O núcleo é a parte central do pericarpo que envolve a amêndoa ou amêndoas. Quando a parte dura no núcleo é constituída apenas das sementes, o fruto é uma baga como abacate, bapeba, cupuaçu, cutite, maçaranduba. O núcleo sendo duro forma a drupa como o mari, o piquiá e o uxi.

O fruto seco divide-se em deiscente e indeiscente. Deiscente é quando ele se abre ao ficar maduro como peroba-do-

-campo. Indeiscente é o contrário como o ingá, cujo fruto é legume. Cedro e o mogno, seus frutos, são cápsula deiscente. Fruto seco, do tipo cápsula, que se abre transversalmente como do jequitibá e do mata-matá, é pixídio turbinado, e o da sapucaia é pixídio turbinado lenhoso e deiscente.

4.3.3.2. Semente

Semente é o órgão dormente resultante da fecundação e do desenvolvimento do óvulo das plantas fanerógamas, com capacidade de reproduzir novo indivíduo.

Logo, semente com poder germinativo é o órgão reprodutor que assegura germinação e regeneração florestal por alto fuste. É diferente de outro órgão reprodutor, o broto, que não germina porque é um *rebento*, que brota dando origem a muda.

Entretanto, a preferência na escolha entre semente e broto está na carga genética, e essa diferença na carga genética é que facilita a decisão técnica na silvicultura. A carga genética do Kiri está nas raízes, do eucalipto está nos galhos e da seringueira está no cavalo e no cavaleiro, na enxertia da planta.

O rebento é o *botão* ou *broto*, como o aparecimento do galho ou de gema, na forma rudimentar do galho. Botão é também o estado da flor antes de *desabrochar*, ou seja, o botão floral.

As sementes verdadeiras são geradas somente nas plantas Fanerógamas, ou superiores com sementes. Para a formação da semente existem as fases de floração, polinização e fecundação, seguidas da formação do embrião.

Com a união dos gametas femininos, ou oosfera, com os masculinos, ou anterozoide, cada um contendo **n** cromossomos, há formação do ovo, ou zigoto, nas plantas. Desde o momento em que o zigoto, ou ovo, é segmentado em duas células até quando adquire a forma inicial dos indivíduos da espécie, estará na fase embrionária ou na formação do embrião.

Assim, embrião é o organismo vegetal vivo ainda enclausurado, alimentado por reservas nutritivas e que não possui ainda os órgãos necessários à vida independente. Permanecerá vivo enquanto absorver substâncias de reserva, por meio de órgãos de absorção provisórios como os cotilédones. Em fase posterior o embrião torna-se plântula, nas plantas de sementes.

Quando o estudo científico do desenvolvimento dos organismos é feito a partir do óvulo fecundado, até sua forma específica perfeita, refere-se à Embriologia, enquanto a Embriogênese ou Embriogenia refere-se ao desenvolvimento do indivíduo a partir de sua primeira célula, ovo ou zigoto, até a forma independente que ocorre pela germinação da semente. Ela ocorre pela realização do programa genético inscrito nos cromossomos do óvulo fecundado, sendo ovo ou zigoto. No reino vegetal, as plantas superiores terrestres distinguem-se por um estágio de repouso, durante o qual o embrião se transforma em plântula, às vezes associado a um anexo nutritivo, o albúmen, fechado no interior da semente.

Assim, sementes verdadeiras são geradas nas plantas espermatófitas, chamadas plantas com sementes ou plantas superiores. As árvores florestais são desse grupo de plantas, que se divide em classes das angiospermas e gimnospermas.

Na classe das angiospermas o ovário dá origem ao fruto e aos óvulos contidos no interior do ovário, que, após a fecundação, crescem até se tornarem sementes. No período de maturidade até se tornar fruto, o ovário já contém sementes em desenvolvimento.

Há a considerar, como já se viu antes, que fruto carnoso é baga como o biribá e o cupuaçu e drupa como o abricó, o abiu e o bacuri e o fruto seco pode ser deiscente como vagens das *Leguminosae* e cápsula dos *Eucalyptus* e indeiscente como o ouriço da castanheira. Tais conhecimentos ajudam na decisão da coleta e da colheita de sementes.

As sementes são partes interiores do fruto, cobertas na parte externa pelo epicarpo e na interna pelo endocarpo, cujo tecido é o mesocarpo. Normalmente as sementes ficam no interior do pericarpo, que é de estrutura dura ou seca, por vezes lenhosa e também carnuda, que recobre a casca e alcança grande variação de estrutura.

Certos frutos pequenos, monospérmicos, assemelham-se às sementes, cuja diferença é a presença do pericarpo.

Na classe das gimnospermas a semente é o desenvolvimento de óvulo nu ou fora do ovário, não havendo a presença do pericarpo, que são os cones nas coníferas. Nesta classe há produção do esporo que se desenvolve no cone feminino ou estróbilo, que corresponde ao órgão feminino da flor das Angiospermas e o esporo, que se desenvolve no cone masculino, como no estame, equivalente ao pólen.

Em geral um fruto ou semente é formado dos seguintes componentes: testa, tégmen, endosperma, cotilédone, radícula e micrópila.

O desenvolvimento da semente é influenciado pelo acúmulo de substâncias de reserva, que promove a maturação, caracterizando quimicamente uma série de transformações. Assim, ocorre a maturação quando as modificações se estabilizam e a transformação química ocorre quando o estado de repouso é atingido.

4.4. COLHEITA

Colheita é o ato de colher sementes diretamente das árvores em pé ou caídas, ou apanhar com auxílio de utensílios apropriados e diretamente do chão.

A semente estará boa para colheita assim que amadurece, por estar bem formada e com potencial que assegure uma boa germinação. O colhedor deverá conhecer bem o seguinte:

a) A localização e a forma ideal da árvore matriz, produtora de sementes;

b) O período de boa colheita;

c) Distinguir com segurança quando uma boa semente está madura; e

d) O melhor método de colheita para as sementes de determinadas espécies.

A árvore boa produtora de sementes é parte de uma população ou de uma comunidade vegetal, que mantém as boas condições fisiológicas e genéticas.

Árvores isoladas geralmente apresentam fenótipos e genótipos inferiores e em consequência sementes de má qualidade, devido principalmente à autopolinização. Devido a isso não é recomendável colher sementes de árvores isoladas nem localizadas em sítios abertos, porque a pouca densidade expõe a árvore aos rigores climáticos.

Em floresta densa as árvores adultas, intolerantes ou tolerantes, de fitossociologia dominante têm mais capacidade de produzir boas sementes, em qualidade e quantidade.

Assim, o fenótipo de uma árvore produtora de sementes deve apresentar as seguintes características:

a) Fuste limpo, reto, pouco afilado e de bom incremento;

b) Copa com galhos finos, de altura proporcional à altura do fuste e dentro do padrão da espécie;

c) Verticilos de poucos ramos e espaçados; e

d) Isento de parasitas e doenças.

A árvore matriz deve ser marcada e ter todos os seus dados registrados em um formulário próprio que contenha detalhes da espécie e do sítio, a demarcação e a descrição própria, que assegurem controles na produção e no fornecimento de sementes.

A boa colheita é possível quando há registro das espécies e acompanhamento da produção. Inicia com a localização, a floração e a frutificação das árvores, das espécies de interesse. A tarefa torna-se mais difícil quando o controle abrange muitas espécies, devido às diferenças de fenologia.

Havendo necessidade de grande volume de sementes de certas espécies, que produzem poucas sementes por árvore matriz, a solução será demarcar um número maior de árvores que atenda as necessidades do momento. Age-se da mesma forma quando as árvores de um povoamento produzem com abundância, porém, com irregularidade.

O acompanhamento do amadurecimento das sementes poderá ser bem controlado com anotação das seguintes observações:

a) Alteração na cor das sementes ou frutos;
b) Mudanças na dureza da casca e na rigidez das sementes;
c) Densidade dos frutos e sementes;
d) Cheiro característico de fruto maduro; e
e) Logo que começam a cair das árvores.

A fase de colheita varia com as condições climáticas, especialmente precipitações. Diversos elementos, como tamanho e densidade de cones, frutos e sementes e o gradiente das espécies contribuem para a grande variação do número de sementes por quilograma.

Existem diversos métodos de colheita e a escolha dependerá do conhecimento de quem colhe e das condições desejáveis para as sementes.

Entre os principais processos há colheita:

a) Diretamente da árvore em pé;
b) Da árvore tombada;
c) De recipiente apropriado; e
d) Diretamente do solo.

Considerando a colheita em florestas naturais, no tempo certo e com preservação da sanidade das sementes, o melhor método é o da colheita da árvore em pé. Entretanto, é difícil colher sementes diretamente da árvore. Um modo de derrubar cones, frutos e sementes, das árvores em pé e muito altas é com tiro.

Para facilitar a colheita, em floresta natural ou plantada incluída nos planos de corte, as árvores só deverão ser derrubadas quando as sementes já estiverem maduras, para então serem colhidas da árvore tombada.

Dificuldades nos itens **a** e **b** poderão ser sanadas colocando lonas e redes em torno do fuste da árvore produtora. Os ramos com maior produção poderão ser podados e recolhidos com cuidado para evitar queda de frutos e sementes. Sementes grandes e nuas, ou contidas em frutos grandes, quando imediatamente colhidas diretamente do chão apresentam a vantagem de estarem maduras, mas podem apresentar muitas desvantagens como:

a) Coleta demorada e mais dispendiosa;

b) Permanência prolongada no solo aumenta os riscos de ataque de micro-organismos, de insetos e de roedores;

c) Em ambiente quente e úmido, o processo de decomposição é mais rápido;

d) Fica difícil saber a origem da produção e efetuar a seleção das sementes de boa qualidade;

e) Muitas sementes são catadas já em processo de germinação dificultando o armazenamento; e

f) Dessa forma este método é considerado o mais comprometedor.

4.5. BENEFICIAMENTO

Os processos que facilitam as condições de utilização das sementes compõem o beneficiamento, como: tratamento de cones e de frutos carnosos, extração, eliminação de impurezas, limpeza, secagem e seleção de sementes.

As florestas amazônica e atlântica contêm muitas árvores Angiospermas que produzem sementes contidas nos frutos bagas, carnosos e suculentos, como abiurana *Pouteria* sp., bapeba *Pouteria grandiflora* (DC) Baehni, cutite *Pouteria macro-phylla* (Lam.) Eyma., e maçaranduba *Manilkara huberi* (Ducke) Cheval e fruto folículo, deiscente como o pequi *Aspidosperma* sp. e a peroba *Aspidosperma* sp. Sementes dessas espécies, de boa madeira comercial, precisam ser removidas dos frutos, limpas e secas, para prevenir ataques de micro-organismos e deterioração. Outras, como as de cedro *Cedrela odorata* L. e mogno *Swietenia macrophylla* King., cujos frutos são cápsulas e aqueles cujos frutos são legumes como o jacarandá *Swartzia macrostachya* Benth. e orelha-de-macaco *Enterolobium sp.*, devem ir para a secagem sem necessidade de limpeza, cujas vantagens sobre os carnosos e suculentos são: maior economia, menor tempo de tratamento e maior segurança no armazenamento.

Quando a extração manual das sementes dos frutos carnosos fica aquém das possibilidades, são usadas máquinas de ponteiros rotativos de borracha, fixos em um eixo centralizado no interior de um recipiente com o formato de um tambor. Os frutos são mergulhados em água neste tambor, ou em líquido mais denso, para que os resíduos e as sementes chochas flutuem e as sementes boas e limpas se acumulem no fundo, ao serem separadas do mesocarpo ou polpa.

Por vezes há necessidade de se extrair sementes de frutos secos por meio de choques, pressão e cortes.

Limpezas e secagens poderão ser efetuadas manualmente ou com maquinarias aperfeiçoadas aos diferentes cones, frutos e sementes. Para os cones nas coníferas e vagens nas leguminosas o beneficiamento é semelhante, apesar das vagens facilitarem a extração manual.

A variação das técnicas de limpeza das sementes das espécies das Angiospermas é muito grande, tornando difícil a padronização, à exceção das do gênero *Eucalyptus*, que se assemelham às das coníferas.

Devido principalmente ao tamanho das sementes, especialmente para espécies de eucalipto e de conífera, é difícil separar as sementes boas das ruins e a maior importância da limpeza é ressaltada no momento da semeadura, quando se deseja calcular o número de mudas a produzir. Em geral, quanto maior o tamanho das sementes, maior é o grau de pureza. Limpezas especiais são dispensáveis para sementes como as do guapuruvu, da sapucaia e da sucupira, que poderão ser semeadas logo após a colheita.

Alguns fragmentos dos frutos e dos cones como asas, cascas e partes de sementes, talos e resíduos minerais constituem algumas das impurezas nas porções de sementes.

Impurezas e resíduos, além de aumentar o volume, dificultam a operação de separação das sementes e uniformização na semeadura. Entretanto, essa operação só é conveniente no momento do uso das sementes no viveiro, porque as impurezas previnem a perda do poder germinativo das sementes de boa qualidade quando armazenadas. *Pinus* podem ser armazenados com 95% de pureza sem grandes perdas, mas o pinheiro-do--paraná (*Araucaria angustifolia* Bert. O. Ktze), que também é gimnosperma, não tem esta capacidade.

Para separação das sementes das impurezas há peneira, manual e elétrica, e muitos outros equipamentos de limpeza que combinam peneiração com a centrifugação das sementes.

Após a colheita e a separação as sementes são espalhadas em áreas com piso e sombra apropriados para a secagem. As sementes de muitas espécies florestais sendo postas a secar diretamente sob luz solar direta ficam fisiologicamente prejudicadas.

O ideal é que na incerteza se imite a natureza, da seguinte forma: sementes de matrizes próprias de florestas decíduas abertas poderão ser expostas na secagem, com menos riscos, e para as advindas de florestas densas, especialmente perenes, é mais seguro secar na sombra.

A seleção de sementes é feita por aparência, exame de sanidade, tamanho, separação com peneira e testes de germinação.

4.6. ARMAZENAMENTO

Armazenamento é o conjunto de operações que preservam a viabilidade das sementes, evitando que se deteriorem e percam a capacidade germinativa, desde a colheita até a germinação. Embora represente aumento de despesas e inclua algumas perdas é uma necessidade para os que desejam guardar sementes por um tempo, para consumo próprio ou para venda.

A grande importância do armazenamento é quando há necessidade do uso de sementes, não disponíveis no local, quando a produção não coincide com a época de semeadura e das regenerações com espécies de produção irregular.

Poderá ser prejudicado por sementes em processos de degeneração, ter iniciado o processo de germinação e pelas características de longevidade da espécie.

Qualquer transformação degenerativa das sementes poderá atingir os seguintes níveis de deterioração:

a) Inevitável;

b) Irreversível;

c) Variável entre espécies;

d) Variável entre lotes da mesma espécie; e

e) Variável entre sementes do mesmo lote.

Essa classificação é válida especialmente para sementes comestíveis como as do pinheiro-do-paraná, da castanha-sapucaia, e as contidas no fruto comestível do cupuaçu.

Sementes, principalmente as de casca mole, quando injuriadas ou sofrendo alternância de temperatura absorvem mais oxigênio e umidade, tornando-se mais propícias à germinação e menos ao armazenamento.

Para as demais o importante é apenas a longevidade do poder germinativo, que é o intervalo de tempo que a semente se mantém viável para germinar.

Deterioração e perda do poder germinativo poderão ser retardadas e evitadas por certo tempo, pelo emprego adequado de técnicas na produção, colheita, beneficiamento e armazenamento.

Sementes viáveis muitas vezes estão no processo de deterioração, que poderá causar o seguinte:

a) Aumento da permeabilidade da membrana citoplástica;

b) Redução da atividade de algumas enzimas;

c) Maior suscetibilidade a estresses;

d) Elevação da respiração e desequilíbrio nas reservas alimentícias;

e) Mudanças na cor;

f) Alteração na velocidade de síntese dos compostos; e

g) Prejuízos na velocidade do incremento das plântulas.

No armazenamento torna-se de extrema importância conhecer a composição das sementes, se com amido, azeite, gordura e óleo. Sementes do pinheiro-do-paraná e de seringueira contêm amido, as da andiroba contêm azeite, as do piquiá contêm gordura e as do guapuruvu, de *pinus* e de sucupira contêm óleo. As sementes compostas de amido detêm um curto período de capacidade germinativa e as demais, especialmente as com óleo como os *pinus*, possuem período de poder germinativo prolongado.

A semente é composta de carboidrato, e quando atinge umidade até um mínimo vital, no ponto em que fica em estado de dormência, a atividade metabólica diminui sem provocar dano por desidratação. As sementes ricas em óleo e substâncias graxas suportam níveis mais baixos de umidade sem prejuízo da vitalidade. A composição da semente é vista na prática por meio de corte ou se espremida contra uma folha de papel branco.

Certas sementes de árvores, dentro do ouriço como as da castanheira, de cutiti e de alguns *pinus* permanecem no fruto ou na árvore por longo período após a maturação. Tais sementes são próprias para armazenamento em condições naturais, como também de forma especial as do pinheiro-do-paraná.

Ao caírem das árvores, no interior da floresta tropical, muitas sementes de diversas espécies permanecem viáveis por vários meses, quando ficam envolvidas pelo húmus do solo da floresta.

Sementes de algumas espécies possuem endosperma duro e casca resistente, que protegem melhor o embrião e as tornam resistentes às influências do meio e à germinação, por um período longo. Mas, para isso, têm de estar completamente maduras para garantir o completo desenvolvimento do embrião e o acúmulo suficiente de material de reserva.

Armazenamento de sementes geralmente ocorre nas condições ambientais seguintes:

a) Em ambiente seco e baixa temperatura;

b) Em ambiente úmido e baixa temperatura; e

c) À temperatura ambiente.

As condições do item (a) em geral são recomendáveis às sementes pequenas, como as das coníferas. O item (b) é mais para sementes grandes, como as da mandioqueira, da sapucaia, da seringueira. Sementes de cedro, eucalipto, guapuruvu, mogno e sucupira apresentam poucas perdas quando armazenadas na temperatura ambiente. Sementes de muitas Angiospermas, com ênfase na família *Leguminosa*, sofrem pesadas perdas de vitalidade quando submetidas à secagem intensa antes do armazenamento e o contrário acontece com as do gênero *Pinus*.

Em geral são detectadas as seguintes condições ou situações no armazenamento:

a) Mantém, mas sem melhorar a qualidade das sementes;

b) Temperatura e umidade controladas são condições necessárias para assegurar a manutenção da atividade fisiológica das sementes;

c) No intervalo de 0°C a 45°C, para cada 5°C de queda de temperatura a eficiência do armazenamento aumenta em dobro, mas, como isso varia com a espécie, o mais correto é seguir os dados de pesquisa;

d) No intervalo de 4 a 14%, cada decréscimo percentual de umidade dobra a eficiência do armazenamento. Para eucalipto e *pinus* o ideal é ficar em torno de 6% de umidade;

e) O melhor clima para armazenamento de sementes é o de ambiente frio e seco.

As sementes ficam mais propensas à germinação ou à deterioração quanto maior for o seu percentual de umidade, dificultando o armazenamento.

Assim, dependendo do ambiente, onde se deseja conservar sementes até a época da semeadura, a opção é armazenar em ambiente natural, em embalagens e nas câmaras.

Em ambiente natural as sementes poderão ser empalhadas e enterradas em cova na floresta. Poderão ser distribuídas em pequenos lotes sobre o piso, em prateleiras e em recipientes de madeira ou metal ao ar livre, acondicionadas em embalagens de aniagem, plásticas, de papel, de papelão e em frascos.

Sementes em geral, especialmente de coníferas e de eucalipto, podem ser armazenadas com sucesso em frascos de vidro, opacos e de gargalo estreito, com tampas à prova de entrada de ar.

Em ambiente adverso o melhor armazenamento, principalmente para grandes quantidades de sementes, será em câmaras secas e frias, porque assim luminosidade, temperatura e umidade poderão ser controladas automaticamente.

4.7. TRATAMENTOS PARA GERMINAÇÃO

No interior de floresta natural há espécies cujas sementes, inibidas pela luz, só germinam quando queimadas como as do babaçu, da bracatinga, do carvoeiro e outras, cuja germinação é influenciada pela fotossensibilidade, permanecem dormentes até que o solo seja revirado ou as copas abertas, para que as sementes fiquem expostas à luz solar. Existem, porém, muitos fatores isolados ou combinados que inibem a germinação de sementes, tornando necessário o tratamento para germinação.

Após a colheita as sementes de muitas espécies, situadas em condições de temperatura e umidade desfavoráveis, entram no estado de dormência dificultando a germinação. Enzimas permanecendo estáveis e substâncias de reserva, não sendo consumidas, dificultam ou atrasam a germinação, o que requer tratamento prévio.

Para ativar a germinação, alguns tratamentos poderão ser aplicados como: imersão em água à temperatura ambiente durante seis a vinte horas, sementes de algumas espécies oxigenam melhor quando introduzidas em recipientes porosos e colocadas na água de drenos tipo córrego, igarapé e rio, para oxigenar melhor na correnteza; há as que iniciam o processo de germinação quando ficam imersas por um tempo em água morna, como as do pequi; há algumas mais difíceis que só respondem aos tratamentos quando embebidas em soluções de ácido sulfúrico, ácido úrico, peróxido de hidrogênio e outras substâncias que aumentam a energia da germinação, especialmente em guapuruvu e sucupira; tratamento mecânico também poderá ser usado para escarificar cascas e facilitar a respiração das sementes, mas existem sementes de casca resistente, como as de babaçu e de bracatinga, cuja dormência é quebrada por tratamento com fogo.

5 VIVEIROS

Viveiros florestais são áreas preparadas para produção de mudas de árvores destinadas à regeneração no campo. A condição local própria para a montagem de viveiro varia com a espécie que se deseja produzir e com a condição do local de plantio. Um viveiro bem montado poderá ser apropriado para um grupo de espécies e impróprio para outro.

Existem viveiros temporários e permanentes, ambos com benfeitorias, ferramentas, maquinaria e plano de produção definido.

O viveiro temporário é localizado próximo à área de plantio, para evitar danos às mudas e despesas em transporte de grandes distâncias. Geralmente possui pequena área que é em seguida ocupada por outra tarefa, assim que a função do viveiro não for mais necessária.

O viveiro permanente é aquele situado em local definitivo, para produção e fornecimento de mudas por longo tempo. Nesse caso deverá ser bem localizado e estruturado.

A área escolhida deve ser de fácil acesso, próxima de local residencial e com bom abastecimento de água.

As vias de acesso ao viveiro devem assegurar movimento de veículos leves e pesados. Circundando-o deverá existir estrada tipo aceiro para prevenir invasões e garantir eficiência às tarefas de proteção. O número de estradas deve ser limitado a um mínimo, que atenda as necessidades das operações com eficiência. Para as estradas solo de textura arenosa é apropriado, mas sendo pesado deverá ser revestido de areia grossa para evitar que a umidade atrapalhe o movimento de veículos. Revestimento com cascalho não é interessante porque penetra no interior do viveiro e prejudica muitas tarefas.

A mão de obra necessária às atividades deverá ser de pessoas que morem próximo, para atender a contento as tarefas programadas.

Deverá ser garantido o abastecimento de água para irrigação e outro para consumo, pois um viveiro de um hectare consome cerca de 5.000 litros por dia e a fonte deve ser um dreno natural com qualidade e quantidade asseguradas.

Mesmo estando definidos esses conceitos preliminares há necessidade de definição sobre o assentamento do viveiro, observando os fatores ambientais e a estrutura do viveiro.

Clima é o fator que ajudará na produção de mudas, cujo fenótipo deverá ser compatível com as exigências da área do plantio. Precipitação, pressão atmosférica, temperatura e vento são fatores que, além de caracterizar as espécies apropriadas para o local, determinam a conduta técnica de produção das mudas, compatível com o local do plantio. Em cada divisão climática da terra há a adaptação natural das espécies florestais dentro de seus gradientes, porém a engenharia genética já possibilita a dispersão das espécies independentes do seu clima de origem, como exemplo há os eucaliptos e os *pinus*.

Escolher corretamente a topografia também é importante para não prejudicar o abastecimento de água, o acesso e a disposição das benfeitorias. Para efetuar as obras o terreno deve ser plano e natural, pois não é aconselhável fazer nivelamento com grande movimentação de terra. Terrenos montanhosos ou com muitos declives não são apropriados para instalar viveiro por existir os perigos das águas torrenciais, de erosão de solo, de sombreamento, de umidade excessiva e doenças. A declividade ideal do perfil natural do solo situa-se entre 1 e 2%.

Em região montanhosa escolher o lado exposto ao sol, porque fica menos úmido e o sombreamento será feito artificialmente quando necessário, permitindo assim um controle melhor da luminosidade.

O solo recomendável para a instalação deverá ser leve, de textura arenosa, com profundidade entre 1,00 m e 1,50 m, livre de rochas e bem drenado. Solo pesado, nas camadas superficiais, é de trato difícil e mais sujeito à erosão. O solo pegajoso quando molhado e duro ao secar dificulta o movimento e o serviço de maquinaria. Entretanto, um subsolo ligeiramente impermeável oferece a vantagem de diminuir a lixiviação de nutrientes e a perda brusca de umidade.

Em geral, o solo primário é mais recomendável para situar viveiro do que o antropomorfo. Terreno que já foi cultivado corre o risco de ser infestado de pragas animais e vegetais, exigindo tratamento prévio.

No planejamento do viveiro a meta principal é a quantidade de mudas a produzir, vindo depois dimensão total e os componentes.

A quantidade de mudas está diretamente relacionada com a espécie de interesse, devido à variação de comportamento e do tamanho da semente de cada espécie. Há espécies intolerantes à sombra, chamadas pioneiras, e as tolerantes ou secundárias tardias ou de clímax. Embora as mudas de qualquer espécie necessitem de sombra na fase inicial de vida, as intolerantes necessitam de maior intensidade de iluminação direta para se desenvolver a contento, especialmente luz solar do início da manhã e do final da tarde. Das 10h00 às 17h00 a luz solar deverá ser necessariamente difusa.

Figura 5. Casa de vegetação rústica sob teto de tela com 60% de sombreamento, e laterais com 10%.

Para o sombreamento há telas de fio de polietileno que proporcionam sombra de 10 a 80%. Para espécies intolerantes há necessidade de até 15% de sombra, para tolerantes secundárias a sombra ideal é de 15 a 30% e para as espécies clímax o percentual varia de 30 a 50%, mesmo estando formadas.

A dimensão da área de ocupação será 60% para produção e preparo das mudas, mas quando a semeadura é diretamente nos canteiros e depois há repicagem para embalagem a área poderá ser de até 70%, e 40 ou 30% para os acessos e área de serviço.

No viveiro as mudas são produzidas de estacas ou de sementes, cuja escolha dependerá da exigência da espécie.

A técnica de produção de mudas por estacas é a estaquia, que é um processo de multiplicação vegetativa de raiz, de parte de galhos e de cepas das árvores. A multiplicação vegetativa ou assexuada gera clones, cujos indivíduos são geneticamente idênticos e de características melhoradas.

Para a silvicultura intensiva os clones asseguram produção sustentável e maior rentabilidade em incremento e volume das árvores por unidade de área.

5.1. SEMEADURA

A semeadura é o trabalho que deposita sementes dispersando sobre substrato apropriado, com o fim de produção de mudas. Esta poderá ser efetuada diretamente no campo ou no viveiro, em embalagens ou nas sementeiras por meio de semeador seringa semeadora ou a mão.

Em ambiente de clima apropriado e de grande estoque de sementes da espécie de interesse a semeadura direta no campo oferece a vantagem de a muda se desenvolver no local onde se tornará árvore, prevenindo traumas na produção e no transporte das mudas. No campo a semeadura poderá ser feita à mão, por jato de água, com auxílio de máquina semeadora e lançada por helicóptero.

Nas regiões de clima mais seco o usual é a produção de mudas, por semeadura em canteiros ou em embalagens, no viveiro.

A semeadura em canteiros ou sementeiras serve para qualquer tamanho de sementes sendo, porém, de grande benefício para as muito pequenas. Assim que as mudas iniciam o adensamento é efetuada a repicagem, do canteiro para as embalagens, para evitar principalmente deformação e estiolamento.

Quando há semeadura diretamente nos recipientes as mudas já ficarão embaladas para o plantio diretamente no local da regeneração, sem o perigo de danos por repicagem. O método favorece a semeadura de espécies de sementes grandes, mas, embora exigindo mais de uma semente por embalagem, poderá ser efetuado para produção de mudas de eucalipto e de coníferas, que têm sementes pequenas.

O período apropriado para a semeadura de espécies para florestamento e reflorestamento está entre julho e setembro, quando os plantios iniciam em outubro ou novembro. Para arborização, paisagismo e qualquer plantio irrigado a semeadura é feita em qualquer época do ano.

Logo após distribuir as sementes no substrato, peneirar terra até cobrir as sementes quando, então, o canteiro será coberto com uma tela protetora.

Para semear, as sementes deverão apresentar boa sanidade e perfeição física. O substrato depositário deverá apresentar superfície plana, úmida, mas sem água empossada.

5.1.1. Cálculo da quantidade de sementes

Definida a área do plantio e o espaçamento entre plantas há necessidade de ser calculada a quantidade de sementes necessária à produção de mudas na propriedade. Abaixo, teremos um exemplo do cálculo considerando os percentuais por quilograma, perdas operacionais e a quantia a semear.

Quantos quilos de sementes de *Pinus caribaea* deverão ser adquiridos para reflorestar, no espaçamento de 2,00 m × 2,00 m entre plantas, uma área de 500 hectares de uma propriedade. Pressupondo que um quilograma contém 75.000 sementes da espécie com 93% de pureza e 85% de germinação. Nas operações de viveiro e no transporte de mudas ocorrerão perdas de 15,50%, e na semeadura serão lançadas duas sementes por embalagem.

Solução:

Para compensar as diferenças percentuais de impureza e de germinação faremos:

75.000 × 0,93 × 0,85 = 59.287,50 sementes a germinar.

Para compensar as perdas de mudas nas operações de viveiro e de transporte, faremos:

100,00 % – 15,50 % = 84,50 % ou 0,845 de mudas que chegarão ao local do plantio.

Efetuando a multiplicação da quantidade de sementes que gerarão mudas com a percentagem a chegar no campo, tem-se:

59.287,50 × 0,845 = 50.097,94 sementes, para produzir as mudas necessárias para plantio no campo.

Sabendo-se que em um hectare há 10.000 m^2 de área. No espaçamento dado, 2,0 m × 2,0 m, cada planta ocupará 4,00 m^2 de área. Logo, em um , teremos: 10.000 m^2 ÷ 4,00 m^2 = 2.500 plantas.

Assim, 500 hectares × 2.500 plantas = 1.250.000 mudas necessárias no total.

Para saber a quantidade de sementes a comprar, calcula-se:

1.250.000 ÷ 50.097,94 = 24,95 ou 25 kg.

Sendo duas sementes por embalagem, o total real será:

25 kg × 2 semente = 50,00 kg.

Pelo cálculo, a quantidade de sementes de *pinus* a adquirir para o plantio de 500 hectares é de 50 quilogramas.

5.2. EMBALAGENS

Para acondicionamento há diversas embalagens como recipientes de papel, de papelão e de laminados, mais usados na produção de pouca quantidade de mudas por estragarem com facilidade e não resistirem aos transportes.

Há também as embalagens de sacos plásticos, torrão paulista, tubos de taquara e tubetes, presentes na figura 6. Torrão paulista e tubos de taquara estão em desuso porque o primeiro precisa de máquina, mistura de terra argilosa e mão de obra mais dispendiosa e o segundo está na dependência da taquara sendo inviável quando requer grande quantidade.

Em qualquer dos sistemas de produção de mudas, a tecnologia escolhida e utilizada deve ser adequada à obtenção de mudas de boa qualidade que aufiram rendimento.

A técnica de produção de mudas em tubetes é vantajosa sob todos os aspectos, pois proporciona ganhos de 20% no custo de produção em relação ao saco plástico, pela facilidade de administração do viveiro, na melhoria das condições de trabalho dos operários, no rendimento de plantio, especialmente em áreas com relevo acentuado, tornando possível ocupação menos dispendiosa das grandes áreas de plantios.

5.3. A ADUBAÇÃO EM VIVEIRO

Para produção de mudas, o sistema de tubetes utiliza substratos orgânicos dos quais os mais utilizados são o esterco de curral curtido, húmus de minhoca, cascas de eucalipto decompostas e bagaço de cana decomposto. Esses substratos são geralmente utilizados como principais componentes de misturas que incluem também palha de arroz carbonizada, vermiculita e terra de subsolo arenoargilosa. Os três últimos substratos são utilizados para melhorar as condições de drenagem do substrato.

Na produção de mudas no sistema de tubetes são utilizados substratos orgânicos dos quais os mais utilizados são o esterco de curral curtido, húmus de minhoca, cascas de eucalipto decompostas e bagacilho de cana decomposto.

Esses substratos são geralmente utilizados como principais componentes de misturas que incluem também palha de arroz carbonizada, vermiculita e terra de subsolo arenosa. Os três últimos são utilizados para melhorar as condições de drenagem do substrato.

A princípio não existe uma proporção definida dos componentes de mistura e cada operador de viveiro aperfeiçoa sua mistura com a prática que adquiriu com a exigência de cada espécie e sua técnica. A princípio, em um sistema de produção é recomendável para a mistura o seguinte:

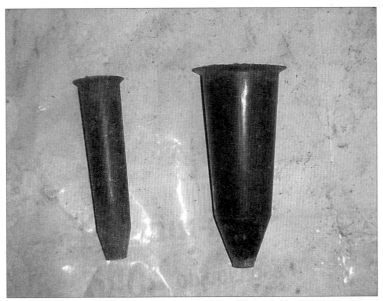

Figura 6. Tubetes de duas dimensões. O menor com 55 cm 3 de capacidade, com 4 estrias e 12,5 cm de comprimento por 3,4 cm de diâmetro. O maior apresenta 180 cm 3 de capacidade, com 8 estrias e 13 cm de comprimento por 6,3 cm de diâmetro.

a) 80% de composto orgânico ou húmus de minhoca + 20% de casca de arroz carbonizada; ou

b) 60% de composto orgânico ou húmus de minhoca + 20% de casca de arroz carbonizada + 20% de terra arenoargilosa.

A melhor forma de fazer a aplicação de adubos nos substratos utilizados no sistema de tubetes é a parcelada, parte como adubação de base e parte como adubação de cobertura.

a) Adubação de base

150 g de N, 300 g de P_2O_5, 100 g de K_2O e 150 g de "fritas" por cada metro cúbico de substrato. Geralmente, os

níveis de pH, Ca e Mg nos substratos utilizados neste sistema são elevados, de modo que a aplicação de calcário é dispensada e não recomendada, evitando-se assim problemas como a volatilização de N e a deficiência de micronutrientes induzida por níveis elevados de pH, entre outros.

Para adubação de espécies Angiospermas nacionais, principalmente as usadas em arborização, paisagismo e outras produções indiretas, a mistura prática recomendada é a seguinte:

- 4 carrinhos de mão cheios de terra de subsolo;
- 2 carrinhos de mão com terra vegetal;
- 2 litros de calcário; e
- 1 litro de NPK – 4-14-8.

Tal dosagem encherá 6.400 sacos plásticos ou 12.800 tubetes de 5 cm de diâmetro e 15 cm de altura ou 300 sacos de 16 cm de diâmetro por 35 cm de altura ou comprimento.

b) Adubação de cobertura

Devido a grande permeabilidade do substrato que facilita as lixiviações e ao pequeno volume de espaço destinado a cada muda, fazem-se necessárias adubações de cobertura mais frequentes do que aquelas feitas para a formação de mudas em sacos plásticos. Para a aplicação, recomenda-se dissolver 1 kg de sulfato de amônio e/ou 300 g de cloreto de potássio em 100 L de água. Com a solução obtida regar 10.000 tubetes a cada 7 dias de intervalo, até que as mudas atinjam o tamanho desejado.

A intercalação das aplicações de K, bem como as demais recomendações feitas no sistema de produção de mudas em sacos plásticos descritas anteriormente, deve ser aqui também considerada.

Figura 7. Mudas de eucalipto acondicionadas em tubetes nas bandejas suspensas.

A maneira de estocar as mudas, nesse sistema de produção, é muito variável e poderá ser realizada diretamente em bandejas apoiadas ou suspensas sobre mesa ou telas apropriadas e em armações de madeira.

Figura 8. Tela esticada em estrutura própria de madeira para colocação dos tubetes com mudas acondicionadas.

5.4. GERMINAÇÃO

Há germinação quando o desenvolvimento do embrião provoca o rompimento da casca da semente, expondo a plântula. No embrião há o endosperma, que armazena substâncias nutritivas para alimentar a semente em desenvolvimento ou a planta jovem.

Durante a germinação a radícula atravessa a micrópila e penetra no solo e em seguida o hipocótilo, que é a haste entre a radícula e os cotilédones, se desenvolve formando o componente aéreo da plântula.

Na plântula as reservas nutritivas são absorvidas e digeridas pelo cotilédone. A reserva alimentar é o albúmen e a sua absorção poderá ocorrer durante o amadurecimento da semente ou apenas durante a germinação.

Quando a plântula é de um só cotilédone, chama-se monocotiledônea, como exemplo há palmeira, lírio e trigo; de dois é a dicotiledônea, como as Fanerogâmicas ou Espermatófitas, que são plantas superiores, das classes Angiospermas e Gimnospermas.

As coníferas são gimnospermas com variação de dois (2) a quinze (15) cotilédones, que oferecem distinção alimentar à muda de cada espécie.

Intensidade de luz solar também influi no processo de germinação de sementes, assim, quando o cotilédone se eleva acima da superfície do solo, devido ao desenvolvimento do hipocótilo, apresenta tonalidade verde, e o papel de folhas enquanto a plântula absorver o albúmen e, nesse caso, a germinação é epígea como dos pinos e ao contrário é hipógea, como da Araucária e do carvalho, cujo cotilédone ao permanecer na semente absorve o albúmen que é diretamente transmitido para a plântula. Tratando-se de sementes, essas germinações permitem definir as diferenças da capacidade germinativa e do crescimento da plântula.

Em qualquer espécie, o embrião é composto de:

a) Folha cotiledonária ou o cotilédone;

b) Gema ou plúmula;

c) Caule ou hipocótilo; e

d) Raiz rudimentar ou radícula.

Substâncias de reserva armazenadas, no cotilédone ou albúmen, têm como função:

a) Conservar viva a semente durante o período da inatividade; e

b) Fornecer alimento e energia durante o período da germinação, até que a plantinha possa produzir seu próprio alimento.

Para que a semente germine, são necessárias duas situações, como:

a) Estar em condições ideais; e

b) Os fatores externos serem favoráveis.

Muitas espécies têm a característica de produzir sementes dormentes que impedem a germinação imediata. As causas principais são:

a) Casca impermeável da semente;

b) Embora fisiologicamente amadurecida, certas condições internas da semente retardam a sua germinação;

c) Sendo o clima do ambiente não favorável, como o teor de umidade e temperatura, exercerá influência complementar; e

d) As de características hereditárias.

Para germinar as sementes, muitas espécies necessitam de uma considerável quantidade de energia. Essa quantidade de energia, que depende da composição da semente, ativará a germinação pelo processo de respiração, que é um processo de oxidação dos açúcares. Sementes de *Araucaria angustifolia* Bert. O. Ktze com peso acima de 5,6 g apresentam grande poder germinativo e geram mudas saudáveis, com bom incremento e grande potencial de sobrevivência.

Embora necessário, o oxigênio não é tão limitante quanto a luz. Para o sucesso da germinação das sementes, a condição do substrato depositário também é importante.

Após a germinação e assim que trocam os folíolos, as mudas das diversas espécies necessitam de bastante luz, outras requerem sombra para crescerem até atingirem certa altura e outras são oportunistas porque toleram um mínimo de luz solar por vários anos, como as espécies da família das *Dipterocarpáceas*, na Ásia, que, embora não cresçam, mantêm-se vivas por 4 a 10 anos no interior das florestas.

5.5. CONTROLES DE MUDAS

As mudas podem apresentar grande diferença no desenvolvimento, sendo importante a movimentação que as separe por tamanho, de modo a facilitar o reforço nas adubações das mudas menores, para que alcancem o tamanho das outras.

A qualidade das mudas reflete-se no crescimento das futuras árvores e, portanto, pode interferir na produtividade da floresta.

Altura em função do diâmetro das mudas é uma forma de oferecer um parâmetro que sirva para controlar o crescimento até a remessa para o campo.

As características morfológicas do comprimento da parte aérea em função do diâmetro do colo geralmente têm auxiliado na escolha da muda de melhor potencial para o plantio.

Para prevenir o crescimento da raiz espiralada ou enovelada, no caso de mudas embaladas, é de importância capital efetuar a poda de raiz das mudas no viveiro. Essa operação não deverá causar danos nem inibir o crescimento das raízes principais das espécies, especialmente as de sistema radicular pivotante, como dos eucaliptos.

Não se recomenda a realização da repicagem nesse sistema, devido ao baixo aproveitamento dessa operação em tubete.

Mudas das espécies florestais, quando dispersas sob cobertura em ambiente natural e até no viveiro, estando próximas formando camada densa, concorrem por energia solar para promover fotossíntese. Fotossensibilidade vegetal confere vantagens adaptativas em alguns estágios de vida das mudas de muitas espécies florestais, porque regula o crescimento e a produção.

Ante as exigências por luz, as espécies classificam-se em tolerantes, intolerantes e oportunistas.

Tolerantes são espécies que desenvolvem todo o ciclo de vida abaixo do teto superior da floresta como acapu (*Vouacapoua mericana* Aubl.), acariquarana (*Rinorea guianensis*), abiorana (*Pouteria* sp.), andiroba (*Carapa guianensis* Aubl.), angelim-rajado (*Phithecolobium racemosum*), breu (*Protium* sp.), etc. chegando até o teto codominante.

Intolerantes são as que exigem luz solar direta para completar seu ciclo de vida. Tais espécies são normalmente formadas de árvores com madeiras claras, pouco densas e de rápido incremento, sendo concorrentes e emergentes como angelim-pedra (*Dinizia excelsa*), faveira (*Parkia oppositifolia* Spruce & Benth), piquiá (*Caryocar villosum* (Aubl.) Pers.).

Oportunistas são as espécies cujas sementes ficam sem germinar, ou quando mudas ficam sem crescer por muito tempo no interior de floresta fechada, e assim que recebem luminosidade respondem rapidamente com desenvolvimento pleno, como o carvoeiro (*Sclerolobium paniculatum* Vog.).

Em todas as árvores isoladas e dispersas no ambiente natural aberto, estando desse modo expostas por um longo período à irradiação de fonte de espectro amplo, o fenômeno da fotomorfogênese poderá ser detectado em todo o estágio de desenvolvimento.

Isso ocorre porque o fitocromo presente na planta será dirigido para um estágio fotoestacionário determinado pela proporção do comprimento de ondas da luz das regiões do vermelho e do vermelho extremo, presentes na irradiação incidente durante o dia claro.

Para evitar que as mudas do estoque em crescimento no viveiro apresentem grande diferença no desenvolvimento, serão necessárias as seguintes medidas de controle:

a) Desbaste, que deve ser efetuado nas mudas ainda tenras (com 3,0 cm de parte aérea), deixando apenas as mais vigorosas no recipiente;

b) Movimentação das mudas, para separação por tamanho. Os motivos de irregularidade no crescimento podem ser deficiências de luminosidade, de umidade e de fertilizante. Sendo deficiência de fertilizante ou de umidade será necessário efetuar novas correções nas mudas irregulares, para compensar as deficiências e padronizar o tamanho;

c) Assegurar um distanciamento regular entre as mudas; e

d) Manter as mudas sob sombra controlada, pelo menos parte do tempo, no viveiro; e

e) Promover irrigação com dosagem bem calculada. Descontrole de tempo e de período de irrigação causa danos fisiológicos graves às mudas.

Figura 9. Tipo de microaspersor que serve para homogeneizar a irrigação das mudas no viveiro.

Para nivelar pelos métodos tradicionais as dosagens dos adubos e as técnicas de irrigação para a devida absorção de adubos e de água nos substratos de cultivo deve ser adotado um bom critério, que garanta o bom crescimento e a boa qualidade das mudas. Adubação e irrigação são os principais meios práticos de o operário controlar o crescimento das mudas no viveiro.

Figura 10. Sistema de irrigação com microaspersores bem distribuídos, para assegurar a boa distribuição de água pulverizada.

O adubo NPK comercial normalmente tem fórmula definida como: 4 – 14 – 8 ou 8 – 30 – 16.

Os fertilizantes de misturas mais recomendadas, por não entrarem em reação negativa, devido as suas características físicas e químicas, são sulfato de amônio $(NH_4)_2SO_4$, superfosfato simples (P_2O_5) e cloreto de potássio (KCl), usados preferencialmente em pó para facilitar a homogeneização das dosagens dos adubos no substrato de cultivo das mudas.

A forma mais eficaz de fazer a aplicação dos adubos é por parcelamento das dosagens, na seguinte maneira: 50% das doses de N e de K_2O e 100% das doses de P_2O_5 mais micronutrientes, misturadas à terra de subsolo, para enchimento dos sacos plásticos. As dosagens complementares serão aplicadas em cobertura por parcela, na forma de soluções ou suspensões aquosas.

As dosagens de adubos recomendadas são:

a) <u>Adubação de Base:</u> 150 g de N, 700 g de P_2O_5, 100 g de K_2O e 200 g de "fritas" (coquetel de micronutrientes na forma de óxidos silicatados) para cada metro cúbico de terra de subsolo. Normalmente, os níveis de Ca e Mg nas terras de subsolo são muito baixos, e por esta razão recomenda-se também a incorporação de 500 g de calcário dolomítico por metro cúbico de terra.

b) <u>Adubação de Cobertura:</u> 100 g de N mais 100 g de K_2O, parceladas em 3 ou 4 aplicações. Para a aplicação desses nutrientes, recomenda-se dissolver 1 kg de sulfato de amônio e/ou 300 g de cloreto de potássio em 100 L de água. Com a solução obtida, pode-se regar 10.000 mudas. Recomenda-se intercalar as adubações, ou seja, numa aplicação utilizar N e K_2O, na seguinte apenas N.

O cálculo da dosagem de fertilizante é feito a partir da fórmula do adubo. Por exemplo, se desejar aplique NPK de fórmula 4 – 14 – 8.

Na adubação de eucalipto ou pinho no viveiro, com base em experiência prática apenas, pode-se proceder da seguinte forma:

Da mistura de 2,5 kg de sulfato de amônia, 4,0 kg de superfosfato simples e 1,2 kg de cloreto de potássio, retirar 200 gramas para diluir em 200 litros de água e usar na irrigação para evitar que folhas ou acículas se queimem.

Porém, sulfato de amônia com 20,5% de N, superfosfato simples com 18,0% de P_2O_5 e cloreto de potássio com 60,0% de K_2O, para uma mistura de NPK de 4 – 10 – 8, teremos o seguinte percentual de aplicação:

Para N = 4 × 100/20,5 = 19,51 de sulfato de amônio;
Para P = 10 × 100/18,0 = 66,66 de superfosfato simples;
Para K = 8 × 100/60 = 13,33 de cloreto de potássio;

Logo: 19,51 + 66,66 + 13,33 = 99,50 do total de adubo puro.

Tendo 100,00 – 99,50 = 0,5 de elementos neutros como areia, talco, etc.

As aplicações deverão ser feitas no final da tarde ou ao amanhecer, seguidas de leves irrigações somente para diluir ou remover os resíduos de adubo que ficarem depositados sobre as folhas.

As adubações de cobertura devem ser feitas em intervalos de 7 a 10 dias. A primeira deve ser realizada de 15 a 30 dias pós-emergência. A época de aplicação das demais poderá ser definida pela prática do operador, observando-se as taxas de crescimento e as mudanças de coloração das folhagens.

Um adubo foliar de bom efeito residual é o Nitrofoska – A, composto à base de N, P_2O_5, K_2O, Cu, Zn, B, Mn e Mo.

Quando as mudas já estiverem formadas, serão removidas da cobertura ou da casa de vegetação, para ficarem sob céu aberto à espera da remessa para o campo a fim de serem plantadas. Essa fase antes da expedição para o campo é para que alcancem a "rusticidade" ou o "endurecimento" e fiquem mais resistentes à seca, ao vento e com menos estresse.

Na fase de "rusticidade" ou "endurecimento", que dura de 15 a 30 dias, reduzir as regas e suspender as adubações de cobertura. No início dessa fase, havendo necessidade aparente, recomenda-se a realização de uma adubação contendo apenas K para auxiliar na resistência das mudas às condições adversas do campo.

As mudas podem apresentar grande diferença no desenvolvimento, sendo importante a movimentação que as agrupe por tamanho, de modo a facilitar as adubações das mudas menores, para que se nivelem com o tamanho das maiores.

O desbaste deve ser realizado nas mudas ainda pequenas (3,0 cm de altura), deixando apenas a mais vigorosa no recipiente.

Similarmente às recomendações feitas para o sistema de produção de mudas em sacos plásticos, a melhor forma de fazer a aplicação de adubos nos substratos utilizados no sistema de tubetes é a parcelada, parte como adubação de base e parte como adubação de cobertura.

A qualidade das mudas reflete-se no crescimento das futuras árvores e, portanto, pode interferir na produtividade da floresta.

Em qualquer dos sistemas de produção de mudas a tecnologia escolhida e utilizada deve ser adequada à obtenção de mudas de boa qualidade que aufiram rendimento.

As características morfológicas do comprimento da parte aérea em função do diâmetro do colo geralmente têm alcançado sucesso na definição da qualidade da muda.

As variáveis mais indicativas do incremento das mudas são diâmetro e altura, e das árvores é o diâmetro à altura do peito, em função da altura, que poderá oferecer correlação entre o crescimento das mudas no viveiro e das árvores no povoamento, de mesma muda. Quando se trata de povoamento a variável mais indicada para as medições é o diâmetro médio à altura do peito, e para avaliação o parâmetro é a área basal.

Para evitar prejuízo no plantio de mudas que cresceram muito no viveiro é recomendada a poda de raízes das mudas no canteiro, para retardar o incremento da parte aérea e aumentar o número de raízes laterais.

Portanto, mudas que vão demorar a sair do viveiro para o plantio deverão receber poda, para as raízes não ficarem enoveladas ou espiraladas. No caso de mudas embaladas a importância é maior porque, ao serem removidas, as raízes podem arrebentar e perderem muita água no transporte.

A poda de raízes das mudas no viveiro deve ser bem feita para não inibir o crescimento no campo ao impedir o alongamento vertical das raízes de espécies arbóreas de sistema radicular pivotante, como as dos eucaliptos dos *Pinus*.

5.6. REPICAGEM

Repicagem ou transplantação é a fase de deslocação das mudas dos canteiros, ou da sementeira, para recipientes individuais e separados. A finalidade é evitar que as mudas cresçam aglomeradas em uma unidade de área muito densa. Esta operação tem a vantagem de economizar sementes no semeio em canteiro, de ativar o crescimento e auferir resistência individual após feita separação das mudas acondicionadas e de favorecer espécies como *Pinus patula* e *Swietenia macrophyla*, por serem pouco concorrentes.Há uma certa desvantagem nesse sistema porque a separação requer área maior de estocagem para o endurecimento das mudas.

Quando retiradas das sementeiras, as mudas deverão ser imediatamente transplantadas no recipiente, de preferência em dias de precipitação e com o ambiente úmido. O tamanho ideal é quando há de 3 a 4 folhas por indivíduo de boa conformação, sadio e de bom porte.

Para a retirada das mudas dos canteiros há necessidade de afastamento da terra que envolve as raízes com auxílio de um garfo ou de lâmina angular apropriados, que penetre até cerca de 20,00 cm de profundidade no solo. Estando já afrouxadas, poderão ser retiradas sem arrebentar ou causar qualquer dano às raízes.

No manuseio da parte aérea, porção logo acima do colo, a muda é puxada verticalmente e deitada sobre pano de saco de aniagem úmido, e em seguida deve ser coberta com terra fina umedecida, para evitar perda de água pelas raízes.

Não é aconselhável lavar nem mergulhar as mudas em recipientes com água pura porque as mudas devem permanecer barreadas, para prevenir excesso de transpiração pelas raízes.

Quando expostos, seus pelos absorventes finos e a coifa secam facilmente interferindo na fisiologia da plantinha que logo entra em murcha temporária, alterando o incremento.

Antes do acondicionamento na embalagem, raízes alongadas e desproporcionais, em relação à parte aérea, recebem poda porque as demasiadamente longas, as danificadas e as dobradas dificultam e prejudicam a transplantação.

Poda é feita com lâminas próprias ao serviço, para seccionar e evitar esmagamento ou rachaduras nas raízes.

Após esses cuidados, quando introduzidas retas e na vertical no acondicionamento, fica menor o perigo do enovelamento das raízes, que é responsável por muitos problemas de pós-plantio.

O espaçamento entre as mudas transplantadas no viveiro depende da espécie cultivada e do tempo que deverão permanecer estocadas no viveiro. Em geral, o espaçamento médio recomendável é 5,0 cm × 5,0 cm .

Cuidados devem haver nas operações de manutenção como fertilização, irrigação, limpezas e proteção contra animais.

A proteção contra animais resume-se principalmente em limpeza, construção de cerca de tela de arame e prevenção de sombreamento excessivo.

6 REGENERAÇÃO

Regeneração florestal é o processo de reposição total ou parcial de árvores, das espécies na floresta, por semente ou por métodos de multiplicação vegetativa. Os processos de regeneração dividem-se em: natural, artificial e misto.

Cada processo visa estabelecer regeneração, com benefício social, de comunidades ou populações florestais para satisfazer as necessidades das sociedades e os objetivos dos proprietários investidores. Assim, o sucesso da regeneração, além das exigências técnicas, depende basicamente do interesse e da participação da sociedade.

As necessidades locais são muito diversificadas e nem sempre as comunidades possuem os recursos que atendam os seus objetivos.

O êxito do investimento em regeneração florestal depende de cada objetivo, da maneira como foi planejado, do uso dos recursos durante cada processo e da destinação dos produtos.

Para as mudas se estabelecerem, de modo natural ou por plantio, em época oportuna e com garantia de qualidade, é necessário seguir um cronograma de atividades desde as fases da produção de sementes, de semeadura natural, de operações de viveiro e da regeneração.

6.1. A REGENERAÇÃO NATURAL

Na regeneração natural, a natureza promove um equilíbrio dinâmico tanto na dispersão como na germinação das sementes no gradiente, porque o *habitat* é propício não somente ao estabelecimento, mas, também, ao desenvolvimento das mudas, favorecendo a regeneração, principalmente, das espécies mais adaptadas ao sítio.

Na regeneração natural as árvores das diversas espécies, que compõem as florestas naturais (figura 11) lutam pela sobrevivência e, na concorrência, vão crescendo até o momento da floração, da frutificação e da dispersão de frutos e de sementes das árvores que venceram a concorrência.

A dispersão de sementes poderá ocorrer com o auxílio de água de precipitação ou corrente, por aves, insetos e mamíferos silvestres, e pelo vento.

Nessa sequência vital a natureza estabelece o equilíbrio dinâmico nos vários gradientes, que são próprios a determinados grupos de espécies. Quando é propício favorece a germinação das sementes e o bom desenvolvimento das mudas, auxiliando a regeneração espontânea das espécies que sustentarão a floresta, como na figura 11.

A diversidade de populações, nas comunidades, propicia as multiplicidades de domínio de espécies e os variados desenvolvimentos. Os diversos comportamentos das árvores das várias espécies que compõem a floresta são devido às reações aos diversos fatores intrínsecos.

Assim, com relação à luminosidade, há espécies tolerantes e intolerantes à sombra que durante as fases de crescimento vão formando, durante o ciclo de vida, vários tetos diferenciados cujos principais são: dominantes, codominantes, intermediários, oprimidos e suprimidos.

Figura 11. As espécies emergentes possuem copas mais esgalhadas e com galhos mais longos.

Durante o dia, quando os raios solares se deslocam sobre o dossel superior das florestas, os diferentes comprimentos de onda são absorvidos pela clorofila das folhas. O espectro que é absorvido pelas folhas das copas das árvores que compõem o teto dominante e o espectro de distribuição de luz que incide sobre as copas das árvores que compõem os tetos sucessivamente inferiores difere na intensidade.

Sobre as copas do teto dominante, durante o dia, a luz vermelha extrema é mais intensa se comparada com a infiltrada.

Assim, as copas mais expostas recebem com maior intensidade de luz vermelha extrema e filtram essa luz vermelha extrema para as dos tetos inferiores, tornando a relação entre pigmentos na seguinte forma: Fv/Fve ou total, sendo fitocromo da luz vermelha – Fv e fitocromo da luz vermelha extrema – Fve.

Devido à relação acima, plantas com copas dentro do dossel dominante, dentro do codominante e dos abaixo apresentam formas diferentes, especialmente porque as que crescem sob céu aberto no topo recebem energia da luz plena encimada. Assim, a relação acima Fv/Fve representa a introdução de alteração no padrão de desenvolvimento de conformidade com a situação ecológica local. Durante o dia, nas copas expostas, a iluminação é mais rica de luz vermelha extrema se comparada com as sombreadas, cuja luz é filtrada.

Entretanto, árvores que crescem isoladas, especialmente as tolerantes, recebendo luz vermelha extrema plena no topo e nas laterais da copa, alteram suas formas física e de produção.

Atingem o teto dominante espécies intolerantes, como angelim-da-mata, angelim-pedra, aroeira, castanheira-do-pará, cupiúba, pau-marfim, pinheiro-do-paraná, piquiá, uchi e muitas outras, cuja madeira também possui valor comercial.

Espécies tolerantes só chegam até o teto codominante, sendo abiorana-casca-grossa, abiorana-ucuuba, achichá, amapá-doce, andiroba, canela, castanheira-sapucaia, cedro, louro-canela e muitas outras que toleram sombra das árvores dos tetos superiores. Os demais tetos de planos inferiores são ocupados por árvores, das espécies tolerantes e intolerantes nas fases de crescimento.

Mesmo com muitos fatores favoráveis, várias espécies apresentam regeneração natural ruim no gradiente e por isso a reposição do seu estoque só será satisfatória com ajuda da regeneração artificial. Assim, o desenvolvimento sustentável das florestas só ficará assegurado se houver tratamentos e adoção dos métodos de cortes cabíveis a cada técnica de exploração.

Os métodos de tratamento e de corte das florestas naturais devem ser inerentes à vocação de cada tipo de floresta, quer seja de amenidade ou ecológica, de proteção e de produção múltipla.

Figura 12. Exemplar adulto remanescente, da espécie *Araucaria angustifolia* Bert. O. Ktze., quando foi componente do teto dominante ou codominante nas florestas naturais da região sul do país.

6.1.1. Cálculo de corte

Independentemente do tamanho da área da floresta natural é possível efetuar cortes ou derrubadas de árvores de maneira discriminada, evitando que ela se esgote e se torne capoeira ou entulho florestal.

Na técnica de corte, inicialmente as árvores são marcadas em pé na floresta, em seguida é definida a direção para onde deverá cair após o corte. Na toragem o desdobramento do fuste deve prever toras de 2,00 m de comprimento, diâmetro mínimo de 0,06 m e máximo de 0,35 m para efeito operacional. Entretanto, uma tora nesta dimensão será de 0,06 m × 0,35 m × 2,0 m = 0,042 m^3 e 17 delas formarão 1 estéreo.

Pelo raciocínio, 1 metro estéreo representa toras empilhadas, formando pilhas de 0,357 m de largura por 1,0 m de altura e 2,0 m de comprimento, ou 0,357 m × 1,0 m × 2,0 m = 0,714 m^3.

Cortes quando planejados mantêm as florestas com a produção sustentável, por meio de cálculos, nas florestas de regeneração natural ou de regeneração artificial, ou plantadas.

O cálculo de corte é efetuado considerando-se as classes de diâmetros formadas das árvores dispersas na floresta. Antes, porém, é preciso certos dados relativos à floresta, o que se inicia com levantamento, como no exemplo a seguir.

Diversas árvores foram medidas ao acaso na floresta natural e o número medido foi distribuído nas classes de diâmetros 3 a 11. O número de árvores medidas foi ajustado pela equação da reta $Y = a + a_1X$, cuja expressão matemática estimada foi a seguinte: $\log N = 2,4389816 - 0,238916X$. A coleta de dados poderá ser feita por amostragem simples, cujas unidades de amostragem serão parcelas, com conjunto de árvores.

Dados da floresta encontrados na amostragem e estimados pela equação linear constam da Tabela 1.

Tabela 1. Número de árvores, medidas na amostragem e respectivas frequências, distribuído por classe de diâmetros em metro por hectare.

Classes de diâmetros (1)	Dados registrados (2)	% de frequência (3)	Dados estimados (4)	% de frequência (5)
3	56,56	—	52,73	—
4	32,17	56,88	30,41	57,68
5	16,64	51,73	17,54	57,68
6	10,08	60,58	10,12	57,68
7	5,53	54,87	5,84	57,68
8	3,40	61,49	3,37	57,68
9	1,86	54,71	1,94	57,68
10	0,76	40,86	1,11	57,68
11	0,96	126,32	0,64	57,68

Na Tabela 1, a coluna (1) contém as classes de diâmetros das árvores medidas com DAP entre 0,20 m e 1,10 m na floresta. O intervalo de classe foi calculado dividindo a diferença entre o diâmetro maior e o menor pela quantidade de classes, na maneira que segue: $1,10 - 0,20 = 0,9 / 9 = 0,10$. Assim, o intervalo entre 0,20 m e 0,30 m é 0,10 m, representado pela classe 3; entre 0,30 m e 0,40 m é também 0,10 m, e assim sucessivamente, até entre 1,00 m e 1,10 m que compõe a classe 11.

Na coluna (2) está incluído em cada classe o número das árvores medidas que pertencem ao intervalo.

A coluna (3) registra por classe a frequência em percentagem pelos cálculos: $32,17 \div 56,56 = (0,5688) \times 100 = 56,88$ até $0,96 \div 0,76 = (1,2632) \times 100 = 126,32$. Observaremos que de 56,88 até 126,32 há total diferenciação entre cada frequência, denotando total desequilíbrio entre o número de árvores por classe. Os valores da coluna (3) indicam que a floresta natural precisa ser balanceada para atingir a normalidade. Para isto, é preciso usar a equação linear já ajustada para a floresta em questão.

Pela equação, log N = 2,4389816 – 0,238916X, obteremos a coluna (4) substituindo sucessivamente cada classe da coluna (1) pelo X da equação.

Exemplo: log N = 2,4389816 – 0,238916 (03) = 1,722233 ou N = 52,727451, arredondado para 52,73 e assim sucessivamente para as classes 4, 5 até a 11.

Pelo procedimento de cálculo da coluna (3), obteremos o da coluna (5). O número estimado é 57,68, que se repete em todas as classes de diâmetros. Este valor indica que a floresta, para ficar balanceada, deverá atingir os valores por classe da coluna (4). O procedimento para o balanceamento da floresta e para atingir sua normalidade será exposto na Tabela 2.

Tabela 2. Diferença entre os números registrados no levantamento e os estimados pela equação, que gera decisão positiva ou negativa para o corte de árvores na floresta.

Classes de diâmetros (1)	Dados registrados (2)	Dados estimados (3)	Diferença (4)	Decisão (5)
3	56,56	52,73	3,83	Cortar
4	32,17	30,41	1,76	Cortar
5	16,64	17,54	0,90	Cortar
6	10,08	10,12	– 0,04	Não cortar
7	5,53	5,84	– 0,31	Não cortar
8	3,40	3,37	0,03	Não cortar
9	1,86	1,94	– 0,08	Não cortar
10	0,76	1,11	– 0,35	Não cortar
11	0,96	0,64	0,32	Não cortar

A diferença encontrada quando é positiva permite corte, como na classe 3, que indica corte de três árvores entre 0,20 m e 0,29 m; na classe 4 é possível cortar até 2 árvores com diâmetros entre 0,30 m e 0,39 m e na classe 5 poderá ser cortada no máximo uma árvore. Entretanto, da classe 6 até a 11 não é conveniente efetuar derrubadas.

Com tais definições poderemos observar que nessa floresta não é tecnicamente recomendável cortar árvores com diâmetros entre 0,50 m e 1,10 m à altura do peito, no período de pelo menos 5 anos, quando será efetuada outra avaliação.

6.2. A REGENERAÇÃO ARTIFICIAL

Regeneração artificial é o estabelecimento ou restabelecimento de uma população ou de uma comunidade florestal pela total ação humana, visando a produções direta, indireta e/ou a ambas. O interesse maior dessa regeneração é a produção direta, principalmente, das indústrias e das pequenas e médias propriedades rurais. A produção indireta recai na proteção de drenos, encostas, escolas, estradas, estacionamentos, lavouras, parques, topo de elevações e dos componentes do meio. Desse modo é de grande interesse comunitário, por atender diretamente as necessidades socioambientais.

Figura 13. À direita da estrada há proteção de encosta com floresta natural, e à esquerda por regeneração artificial com conífera.

Poderá ser realizada por semeadura e por plantios de mudas diretamente no campo, com aplicação de técnicas de florestamento, de reflorestamento e de plantios consorciados e em grupos.

Essas técnicas são mais garantidas quando estabelecidas por emprego de mudas advindas de sementes, de brotação ou de clones. As mudas mais baratas são as formadas de sementes, desde que sua aquisição seja possível.

A produção irregular das árvores produtoras de sementes, provocando escassez local, dificuldades na disseminação de sementes das espécies nas florestas locais, clima desfavorável à germinação e ao estabelecimento natural das mudas, ataque de pragas e doenças e o interesse na introdução de espécies sugerem a necessidade da regeneração artificial.

Espécies migrantes, intolerantes à sombra, de rápido crescimento e resistentes aos fatores bióticos e abióticos são características que indicam a técnica de regeneração artificial como a mais aceitável.

Muitos fatores que prejudicam atividades na regeneração natural põem em risco, especialmente na semeadura direta e no plantio de campo, também a regeneração artificial.

Emprego de métodos de semeadura direta requer grandes estoques de sementes tornando-os mais arriscados que os métodos de plantios com mudas, porque nas precipitações fortes as sementes poderão ser desenterradas do leito, deslocadas pela superfície do solo arável e perder a viabilidade. Há também o fato de essas sementes ficarem sujeitas à destruição por pássaros e roedores ou aos ataques de micro-organismos.

Caso haja atraso na germinação, o período restante de chuva poderá não ser suficiente para que as raízes alcancem uma profundidade que assegure o estabelecimento das mudas.

Na plantação, quando o sistema radicular ficar maior e mais profundo, as mudas mais robustas estarão menos sujeitas aos danos caso ocorram falta de chuva, ressecamento das camadas superiores do solo e murcha temporária.

Comparando regenerações originadas de semeadura direta com as de mudas produzidas no viveiro, observam-se nas mudas plantadas as seguintes vantagens:

a) Plantadas com sistema radicular mais desenvolvido e vigoroso, as mudas continuarão crescendo em ritmo vantajoso;

b) Iniciam seu crescimento, no viveiro, pelo menos dois meses antes do plantio de regeneração;

c) Apresentando bom porte e nível ideal de umidade, isto é, não estando suculentas, as mudas resistirão melhor à seca e ao frio;

d) A recuperação das partes aéreas e das raízes aos ataques parciais de animais será melhor; e

e) A forma-padrão ficará estabelecida com a seleção prévia das mudas no viveiro.

Inúmeras ocorrências impedem que a preferência na regeneração seja por semeadura, como:

a) Grandes áreas com florestas, sujeitas às queimadas frequentes e em grande extensão, não asseguram fontes adequadas de sementes;

b) Produção irregular de sementes das espécies locais;

c) Necessidade de armazenamento ou de aquisição de sementes de fontes externas; e

d) O estoque das sementes de interesse é sempre insuficiente no local.

6.2.1. Florestamento

Florestamento refere-se ao estabelecimento de uma regeneração artificial, em local onde há mais de cinquenta anos não existe floresta. Como áreas de caatinga e de cerrado ou áreas abandonadas por empreendimentos agropecuários, degradadas, que foram depósitos de sucatas, devolutas, erodidas, inférteis, invadidas por pragas animais e vegetais e queimadas, que representam ambientes de difícil trato e de recuperação dispendiosa e, portanto, passíveis de florestamento.

Figura 14. Florestamento com eucalipto em campo sujo.

Embora apresente a vantagem de não requerer derrubada nem destocamento, devido a ter área aberta e por vezes solo impermeável e compactado, tais áreas quase sempre precisam de operações com arado, grade, de subsolagem e de correção de solo.

6.2.2. Reflorestamento

Reflorestamento é o restabelecimento artificial completo ou parcial da regeneração florestal. Nessa operação as coberturas florestais sofrem cortes e reposições sucessivamente por semeaduras e plantios de mudas, em terrenos preparados. Os melhores cortes, com respectivas reposições, são os sucessivos, por auferirem incremento progressivo, aptos para muitas espécies, o que não ocorre com o corte raso, que é indicado para um número reduzido de espécies.

Figura 15. Na regeneração artificial por reflorestamento com *Pinus* os fustes estão pouco afilados, os verticilos distanciados e com poucos galhos, e as copas, encimadas.

6.2.3. Plantio consorciado

Plantação consorciada ou método silvoagrícola combina as técnicas de regeneração artificial com cultivos agrícolas.

Consorciação são atividades que envolvem os sistemas agroflorestais, formando o componente socioeconômico e ecológico, apropriado à composição de um modelo de desenvolvimento, particularmente para o bioma cerrado.

Nessas atividades são relevantes as perspectivas de rendimento e valor das culturas, absorção destas no mercado, inclusive o madeireiro, com garantias de boa margem de comercialização ao nível do produtor. Assim, o sistema apresenta-se como um suporte às altas produtividades sazonais e à boa rentabilidade, por espécie e por produtor rural, dentro de uma silvicultura de precisão.

Os sistemas agroflorestais incluem os métodos agrícolas e de silvicultura que, envolvendo plantações consorciadas, combinam cultivos agrícolas com cultivos de espécies florestais ornamentais, frutíferas e madeireiras, assegurando rotações e reduzindo perdas sazonais.

Foram desenvolvidos na Europa por agricultores que misturavam, na semeadura direta, sementes de espécies agrícolas com as de essências florestais. O sucesso desses sistemas ocorreu principalmente na Ásia e na África, a partir de 1856.

As plantações com espécies agrícolas e florestais consorciadas, que custeiam o plantio florestal, asseguram a agricultura autossustentável, garantem produções diversificadas, não sazonais e que abranjam a recuperação das áreas devolutas e degradadas.

Dessa forma, estabelecer programas de polos de desenvolvimento socioeconômico por meio da introdução de culturas, com vocação para as técnicas de precisão e para ativar a procura no mercado, promove rendimento vertical na economia rural.

O desempenho tecnológico do sistema gerará modelos evolutivos como: dias de campo, excursões, visitas às áreas cultivadas e modelos econômicos contendo controles de produção, de venda, de transporte, de mercado e organização cooperativista.

Será uma garantia ao atendimento, com permuta ou substituição, de produtos que se apresentarem escassos no curto ou longo prazo no mercado.

6.2.3.1. Exigências

A principal exigência no plantio consorciado é a ocupação de área que possa atender as necessidades sociais no ambiente da zona rural. Para isso, tem-se que:

- Avaliar os potenciais dos ambientes, econômico e ecológico;
- Estudar as possibilidades de mercado para as espécies;
- Efetuar mapeamento e demarcação das áreas do empreendimento;

- Relacionar as espécies de interesse no empreendimento;
- Delimitar as áreas das culturas;
- Adotar as técnicas de preparo do solo, de plantio, de tratamento e de manutenção de cultura;
- Estimar as margens de comercialização e a produção sustentável por cultura;
- Avaliar que a área de implantação do sistema deverá apresentar potencial ou se tornará apta para tal.

Uma possibilidade esperada é a ampliação do mercado para as culturas empregadas no sistema e que deem retorno aos produtores envolvidos. Para atender as exigências de mercado o produtor deverá se capacitar, fortalecer sua organização social rural e melhorar a estrutura de industrialização e de comercialização rural.

6.2.3.2. Espécies

O sistema de produção dos cultivos diversificados deverá viabilizar as produções das espécies de base alimentar, social, comercial e ecológica.

A escolha das espécies dependerá da vocação, da utilidade, do potencial e do valor de cada uma, no sistema agroflorestal.

Espécies e cultivares

Os indivíduos das diversas populações de mesmo gênero são as espécies e, as variedades resistentes, os cultivares.

- **Arroz – Xingu:** por exemplo, é um cultivar para solo de baixa e média fertilidade;
- **Arroz – Guaporé:** é um exemplo para solo de alta fertilidade;
- Bananeira – há diversos cultivares;
- **Cana-de-açúcar:** incluída no consórcio as árvores ficariam dispersas no canavial e agrupadas nos quebra-ventos;
- **Cafeeiro:** há robusta 2259, 1647, 2258, etc.;
- **Coqueiro:** há híbrido entre anão e gigante;
- **Feijoeiro:** há o carioquinha, o rosinha, etc.

- <u>Milho:</u> como exemplo há o BR – 5103, etc.;
- <u>Pimenta-do-reino:</u> de fácil consorciação.

Espécies florestais

São espécies de porte arbóreo, cujas copas exercerão influência nos objetivos dos plantios.

Espécies ornamentais

Emprego de espécies que formem paisagem, como:
- Jambolão ou Jamelão – *Eugenia jambolana DC.*
- Açaí, babaçu, buriti e muitas outras palmeiras servem para paisagem e para produção industrial.

Espécies frutíferas

Existem as agrícolas e as silvestres, tais como:
- Abacateiro – *Persea gratissima Ga.*
- Cajá – *Spondias lútea L.*
- Citros em geral.
- Graviola – *Annona muricata L.*
- Jaqueira – *Artocarpus integrifolia L. f.*
- Mangueira – *Mangifera indica L.*

Há também diversas variedades como:
- Maracujazeiro – *Passiflora* sp.
- Piquiá – *Caryocar* sp. ou Pequi.
- Taperebá – *Spondias lutea L.*

Espécies madeireiras

As espécies, cujo principal produto é a madeira, podem ser:
- Abiurana ou cutite – *Pouteria* sp.
- Canjerana – *Cabralea canjerana (Vell.) Mart.*
- Caraúba ou Pará-pará – *Jacaranda copaia (Aublet).*
- Cedro – *Cedrela fissilis Vell.*
- Embaúba – *Cecropia* sp.
- Jutaí – *Vochysia ferruginea Mart.* ou *Vochysia tomentosa DC.*
- Ingá – *Inga alba (Sw.) Willd.*

- Mogno – *Swietenia macrophylla King.*
- Pau-d'arco – *Tabebuia serratifolia (Vahl.) Nichols.*

Predominam no consórcio as culturas perenes e arbóreas quando o interesse recai nas espécies de longa rotação. A utilização de mudas de boa qualidade, de cultivares ou clones adaptados à região é de suma importância para o êxito do sistema.

6.2.3.3. Mudas

Espécies como café, frutas cítricas e muitas essências florestais vão ao campo na forma de mudas para plantio. Os detalhes são os tamanhos das mudas de cada espécie que irá para o campo.

Figura 16. Mudas de eucalipto prontas para serem plantadas no campo.

6.2.3.4. Espaçamento

Na consorciação com cereais as essências florestais heliófitas, de rápido crescimento, terão espaçamento mínimo de até 1,80 m × 2,00 m, para que o rendimento do fuste seja melhor.

Plantação de cafeeiro no espaçamento de 4,00 m × 2,50 m associada com essências florestais no espaçamento de 12,00 m × 10,00 m evitará sombreamento do cafeeiro e este evitará excesso de luz lateral às essências florestais. Essências florestais consorciadas com pimenta-do-reino terão espaçamento de 6,00 m × 6,00 m, alternadamente.

A escolha da espécie é importante para o produtor devido à garantia de atingir o objetivo, com o retorno e a margem de comercialização do produto.

Para facilitar os cultivos, a limpeza e a distribuição de rendimento, há os plantios em grupo, mais empregados para as essências florestais.

6.2.3.5. Calagem e adubação

São duas as operações importantes no nivelamento da produção, que dependem de análise química do solo.

Para calcular a quantidade de calcário a ser aplicado por hectare, pode-se usar a fórmula seguinte:

$$QC = \frac{(V_2 - V_1)}{PRNT} \, CTC$$

Em que:
QC = quantidade de calcário;
V_2 = saturação desejada, em %;
V_1 = saturação existente, em %;
PRNT = poder relativo de neutralização total, em %, por tipo de calcário.
CTC = capacidade de troca catiônica – C.mol. (+)/kg.

Normalmente a adubação das espécies agrícolas segue exigência da cultura, na agricultura e na fruticultura. As espécies florestais também apresentam exigências específicas, mas a adubação normalmente é por cova.

Existe a necessidade de serem observadas as diferenças entre culturas anual e perene.

6.2.3.6. Tratos culturais

Já foi definido que plantação poderá ser executada por meio de semeadura direta, por mudas e estacas. Cada método possui particularidade própria, mas o sucesso depende de diversos fatores, cujo principal é o clima.

Outras medidas importantes são os tratos culturais. Quando a regeneração é efetuada fora do período chuvoso aumentam, além dos tratos culturais, os riscos e as tarefas de manutenção como irrigação, adubação complementar e replantio.

Nos tratos culturais ocorrem repetidas limpezas do solo, especialmente no período chuvoso as podas e replantios são necessárias para evitar alteração na produção e na estrutura dos cultivos, e consequentemente prejuízo no rendimento.

Ainda nos tratos culturais os cuidados especiais deverão ser direcionados à prevenção de incêndios e às pressões por pragas animais e vegetação pioneira. Operações como poda, desbaste e extração de produtos também representam tratos culturais, quando feitos em tempo hábil.

Havendo no plantio um amplo espaçamento, ajudado pela influência do tipo de adubação nas culturas, ocorrendo alta irrigação e o clima que favoreça, as árvores plantadas no povoamento tenderão a crescer mais rápido, porém seus fustes ficarão mais afilados e suas copas muito amplas e cheias de galhos longos; nesse caso, a poda será necessária e justificável, para evitar prejuízos à estrutura da madeira a ser produzida.

Para prevenir o grande número de galhos de algumas árvores nos grandes espaçamentos o ideal é o plantio em grupo, quando as árvores centralizadas ficarão mais protegidas e disciplinadas.

Convém ressaltar que a poda, além de encarecer os tratos culturais, precisa ser bem planejada para garantir vantagens. No plano de poda há que se considerar a idade da plantação, a época da primeira poda, o intervalo entre elas e o efeito que a prática exercerá no rendimento. A poda das árvores é planejada a partir do quarto ano de plantio ou, na prática, assim que o tamanho dos diâmetros alcançarem de dez a quinze centímetros e a altura estiver acima de dez metros.

Na prática, entretanto, quando as copas se juntam é o momento de ser efetuado o desbaste, mas o modo mais seguro é por acompanhamento do crescimento, por meio das curvas de incremento de diâmetro e da altura das árvores ou pela área basal por hectare. Há também o desbaste sanitário que incide nas árvores doentes, malformadas e raquíticas cuja permanência poderia afetar o rendimento do povoamento.

6.2.4. Plantios em grupos

Plantios em grupos são florestamento ou reflorestamento de indivíduos de uma ou várias espécies agrupadas que formam unidades distanciadas entre si. Cada unidade ou grupo é de três a vinte e cinco indivíduos e não de uma única árvore, para que ocorra proteção mútua aos fatores adversos.

O grande espaçamento ou distanciamento é entre as unidades, ou grupos, e não entre árvores, para facilitar tratos culturais, garantir a proteção e o bom desenvolvimento das árvores que ficam centralizadas no grupo, o que facilita as operações de após plantio, de cortes e de baldeação dos produtos a extrair.

6.2.5. Densidade na regeneração artificial

Os plantios feitos em diferentes áreas, na mesma ou em diferentes propriedades, são avaliados por meio de levantamentos que determinem as densidades.

Após executados levantamentos em duas áreas a_1 e a_2 plantadas com eucalipto, por exemplo, a área a_1 com 6,5 hectares, 13.600 árvores e apresentando 21 metros de altura média das árvores dominantes, e a área a_2 de 5,1 hectares, com

10.200 árvores e apresentando 25 metros de altura média das árvores dominantes, há necessidade de se calcular o índice de densidade, para determinar o plantio mais denso.

Fórmula:

$$Id = a/Hdom$$

Em que:
Id = índice de densidade;
a_1 e a_2 = áreas ocupadas pelas plantações em hectare;
Hdom = altura dominante.

Para estimar os números de árvores n_1 e n_2 por hectare de cada área com plantio, há os cálculos:
$n_1 = 13.600/6,5 = 2.000$ árvores;
$n_2 = 10.200/5,1 = 2.000$ árvores.

Considerando mudas plantadas no espaçamento de 1 m × 1 m , um hectare comportará 10.000 árvores.

Então:
$a_1 = 10.000/2.000 = 5$;
$a_2 = 10.000/2.000 = 5$.

Aplicando a fórmula do índice de densidade, teremos:
$Id_1 = (5/21)100 = 23,8$;
$Id_2 = (5/25)100 = 20,0$.

O resultado indica que a área n_2 possui o plantio mais denso porque, embora o espaço de ocupação de cada árvore seja igual ao da área n_1, a altura dominante é maior. Em suma, as árvores do plantio da área a_2 apresentam desenvolvimento melhor ante o incremento maior em altura.

A regulação dos plantios por índice de densidade ajuda o planejamento de podas e de desbastes dos povoamentos.

Em caso como este, o plantio da área a_2 já poderá ser estudado para avaliação de desbaste.

6.3. A REGENERAÇÃO MISTA

A regeneração mista é considerada enriquecimento de floresta natural, que não se revigora espontaneamente dos cortes ou de outros tratamentos efetuados.

Portanto, essa regeneração é efetuada quando a regeneração natural não é eficiente por si só. Então, surge a necessidade de intervenção humana por meio da regeneração artificial, no interior da regeneração natural, formando uma regeneração mista.

A execução é concretizada quando a regeneração natural se enriquece e melhora o rendimento.

Os objetivos principais da regeneração mista são: recomposição de clareiras e das falhas naturais ocorrentes, regulando a densidade e o enriquecimento com espécies de valor, que tornem as florestas mais valorizadas. Esse método é próprio para plantar mudas das espécies tolerantes ou exigentes à sombra, nas capoeiras e nas florestas secundárias situadas nas propriedades agrícolas.

Catástrofes como deslizamento de terra, enchentes, enxurradas, incêndios, interferência antrópica, queda de grandes árvores e vendavais causam danos que por vezes vão além da capacidade da floresta se autorrestabelecer, havendo necessidade da ajuda humana por meio da regeneração mista. Nesse caso, surge também a necessidade da regeneração ser recomposta, principalmente se a floresta serve de proteção ou de amenidade ecológica.

Entretanto, há floresta sem vocação nem utilidade definida como de fazendas, de logradouro, de reservas, mas que poderá se tornar valiosa por regeneração mista quando se enriquece com introdução de espécies de valor, principalmente para o comércio de madeira.

O plantio de regeneração mista poderá seguir dois métodos, como:

a) Método de enriquecimento em linha: nesse plantio, as mudas ficam distribuídas em linha no interior da floresta. Espécies tolerantes à sombra são as mais recomendadas quando a floresta é densa. Sendo floresta com densidade baixa é recomendável enriquecer com espécies intolerantes de rápido crescimento.

b) Método de enriquecimento em grupo: aqui, o plantio das mudas é em grupos dispersos no interior da floresta. A técnica é apropriada para espécies de baixa concorrência, como o mogno, e para as indisciplinadas, como a andiroba e o cedro.

6.4. QUANTIDADE DE SEMENTES A ADQUIRIR

Com referência à aquisição da quantidade de sementes para produzir mudas no intuito de estabelecimento de regeneração artificial por unidade de área, será apresentado cálculo para conífera.

Exemplo:
Quantos quilos de sementes de *Pinus caribaea* deverão ser adquiridos para reflorestar, no espaçamento de 2,00 m × 2,00 m entre plantas, uma área de 500 hectares de uma propriedade, pressupondo que um quilograma contenha 75.000 sementes da espécie com 93% de pureza e 85% de germinação. Nas operações de viveiro e no transporte de mudas há perdas de 15,50%, e são semeadas duas sementes por embalagem.

Teremos como solução:
75.000 × 0,93 × 0,85 = 59.287,50 sementes a germinar;
1,000 − 0,155 = 0,845 de mudas estimadas no plantio;
59.287,50 × 0,845 = 50.097,94 mudas para o campo;

Sabe-se que em um hectare há 10.000 m² de área. No espaçamento dado, cada planta ocupará 4,00 m² de área.

Logo, em um hectare, teremos 10.000 m² ÷ 4,00 m² = 2.500 plantas. Assim, 500 ha × 2.500 = 1.250.000 mudas necessárias.

Para saber a quantidade de sementes a comprar, calcula-se: 1.250.000 ÷ 50.097,94 = 24,95 ou 25 kg.

Sendo duas sementes por embalagem, o total real será: 25 kg × 2 semente = 50,00 kg a adquirir para a regeneração.

6.5. DESBASTE

Desbaste é a abertura de espaço entre as árvores na floresta envolvendo derrubadas e retiradas de árvores de diâmetros variados. A execução do desbaste em tempo hábil promove incremento sucessivo das árvores na floresta, tornando-a mais rentável.

Os trabalhos de desbaste em uma plantação de eucalipto ou de *Pinus*, preferencialmente com quatro anos de idade, começam de maneira prática pela medição ao acaso das árvores, cujos dados se apresentam na coluna (2) da Tabela 3.

Tabela 3. Cálculo de desbaste com retirada de 21% de área basal no quarto ano após o plantio.

Classe de Diâmetro em cm (1)	Número de árvores (2)	Área basal em m² (3)	Total de árvores retiradas (4)	Área basal retirada (5)	Total de árvores remanescentes (6)	Área basal remanescente (7)
0 – 4,9	0	0	0	0	0	0
5 – 9,9	1.700	7,51	1.700	7,15	0	0
10 – 14,9	21.900	268,75	6.000	73,63	15.900	195,12
15 – 19,9	7.300	187,61	700	16,84	7.100	170,77
20 – 24,9	400	15,90	100	3,97	300	11,93
Totais	31.900	479,77	8.500	101,59	23.300	377,82

Procedimento para o preenchimento da tabela:

1. Completada a enumeração dos dados na floresta, há a distribuição do número de árvores nas classes de diâmetro na coluna (2). No quarto ano após o plantio há árvores somente a partir da classe de diâmetro com 5 cm a 9,9 cm. Nesse caso há ocorrência de 1.700 plantas consideradas raquíticas por motivos genéticos, por ataque de pragas, doenças, etc., o que provocou atraso no desenvolvimento. Esta coluna de número de árvores mostra irregularidade do incremento no período, pois a maior concentração no número de árvores está na classe de 10,0 cm a 14,9 cm , que depois cai sucessivamente.

2. O total de 31.900 árvores da coluna (2) equivale a 12,76 hectares plantados no espaçamento de 2,0 m × 2,0 m, e na idade de 3 a 4 anos é possível que já necessite de desbaste.

3. Na prática, o raciocínio a considerar no primeiro desbaste é que no espaçamento 2,0 m × 2,0 m cada árvore ocupa 4,0 m^2 e, ao se retirar algumas árvores, o espaçamento fica em torno de 2,0 m × 2,5 m. A ocupação por árvore será de 5,0 m^2, ou seja, ocupará uma área 25% maior e, se a retirada de árvores acabar, as distâncias entre as árvores passarão a ser de 2,0 m × 3,0 m e o espaço por árvore será de 6 m^2, ou seja, 50% maior que o primeiro espaçamento. Considerando o número de árvores por hectare o primeiro espaçamento é 25% mais denso que o segundo, e em relação ao terceiro é 50% mais.

4. Até os cinco anos de idade o povoamento florestal ainda não atingiu o ponto ótimo de desenvolvimento, em qualquer nível do gradiente ocupado pelas árvores, porque a altura dominante (HDOM), sendo função da idade (Id), ainda não se regulou; assim, não deverão ser feitas derrubadas pesadas, ou considerar-se igualmente todas as árvores.

5. Então, o mais sensato na prática é optar por efetuar o desbaste, decidindo por um percentual menor, ou seja, de 21% em vez de 25%, ou de 50% de retirada, para evitar que uma forte diminuição da densidade prejudique o rendimento.
6. A coluna (3) registra as áreas basais por classe. Em prol da maior precisão será usada nos cálculos a área basal, em vez de número de árvores, porque dá maior ideia de áreas conjuntas, isto é, sem considerar os espaços livres entre as árvores individualmente.
7. Quando se aplica a fórmula $\pi D^2/4$ ou $0,7854(DAP)2$, estima-se a área transversal, que se refere a uma árvore. Mas área basal é a soma das áreas transversais, ou seja, $\sum \pi D^2/4$ adotada na composição da coluna (3). Área basal dá ideia exata do espaço ocupado pelas árvores por m^2, já que é a área transversal individualmente, isto porque uma árvore registra apenas situação.
8. Na coluna (4) há o total de árvores retiradas, o que representa 26,64% das árvores registradas.
9. A coluna (5) mostra 21,17% de área basal retirada do total.
10. A diferença percentual entre as colunas (4) e (5) foi justificada na explanação do item 7.
11. Na coluna (6) há 73,2% de árvores remanescentes, e na coluna (7) há 78,8% de área basal remanescente. Optando-se pela retirada de árvores simplesmente ao acaso, isto deixará o percentual remanescente menor. Pela área basal se torna maior a precisão, a segurança na execução, o rendimento e o remanescente do desbaste.

7 TÉCNICA DE PLANTIO

O sucesso de um empreendimento na silvicultura depende muito da técnica de plantio, entre o conjunto de métodos. Requer conhecimento e experiência prática que previnam falhas e, consequentemente, elevação dos custos, perdas e riscos de danos que não poderão ser corrigidos ao longo do processo de desenvolvimento da cultura.

Na execução do plantio florestal é recomendável seguir um plano que acompanhe a sequência lógica e viável. Por exemplo, o florestamento e o reflorestamento por semeadura direta são muito arriscados, por melhores que sejam os planos e o clima da área, porque requerem muitas sementes e tornam dispendiosos os tratos culturais das mudas ainda tenras, agregadas e expostas. Um exemplo favorável é o planejamento de florestamento e de reflorestamento usando clones, que oferecem regeneração mais vantajosa.

7.1. SELEÇÃO DE ESPÉCIE

A escolha fundamentada da espécie depende do objetivo da regeneração, do gradiente e da procedência da espécie.

Considerando o objetivo, deverá ser definido se o plantio é para auferir rendimento direto ou indireto, em qualquer definição a espécie deverá estar apta a se desenvolver nas condições do ambiente onde será plantada. A plantação poderá ser feita para proteger áreas com baixadas, curso de água, cristas, culturas agrícolas, encostas, estradas, fauna, flora, paisagem, solos e obras urbanas. Poderá ser uma plantação com objetivo ecológico, usando espécies da família *Leguminosae* que limpam o ar e enriquece o solo, o gênero *Cecropia* e espécies frutíferas que alimentam a fauna, espécies de folhas largas e copas frondosas para distribuir sombra. Outro objetivo da floresta plantada será o de produzir madeira para celulose, lenha, ripa, tábua ou qualquer produto que a espécie tenha vocação.

Há também a seleção da espécie de conformidade com a sua adaptação ao meio, para isso é necessário que cada espécie selecionada possua dados úteis sobre as exigências aos fatores edáficos, que são físico-químicos e climáticos, que incluem evapotranspiração, precipitação, pressão atmosférica, temperatura e umidade.

Conduzida por exigência própria, cada espécie se distribui ao longo do gradiente conforme as suas características genéticas, fisiológicas e populacionais e o modo como se relaciona com os fatores ambientais. Assim, há que se considerar que cada espécie apresenta um intervalo de tolerância próprio em relação aos fatores ambientais e, dessa forma, a população que possui um centro ótimo diminui a tolerância quando tende na direção das extremidades de tolerância, delimitadas no gradiente. Espécies próprias para gradiente de baixada apresentam características diferentes ao se situarem ao longo das encostas e no topo das montanhas.

Cada espécie no gradiente apresenta comportamento diverso quando plantada em outro diferente. Por isso, é necessário efetuar o teste de procedência para as espécies migrantes. Logo, para se escolher espécies exóticas, há necessidade do teste de espécies e do de procedência para se ter certeza de sua adaptação local. Os testes apontam as procedências mais promissoras para o local do plantio.

O rendimento será direto quando a árvore de certa espécie promissora gera produto vendável e rentável, principalmente madeira. Enquanto no rendimento indireto são considerados todos os benefícios ecológicos que a espécie acarretará ao meio.

Quando no passado houve opção ao rendimento direto pelo plantio de espécies exóticas, como as dos gêneros *Eucalyptus* e *Pinus*, foram efetuados vários testes de procedência e de progênie. Atualmente são usadas mudas advindas de sementes e de clones, geradas por melhoramento genético, nos plantios de alto rendimento em incremento e volume por hectare.

7.1.1. Melhoramento florestal

O uso da genética tem promovido muitos benefícios à silvicultura brasileira. No teste de procedência, as mudas produzidas de sementes de indivíduos da mesma espécie, como as dos gêneros *Eucalyptus* e *Pinus*, mas oriundos de diversas localidades, nacionais ou estrangeiras, eram plantadas em sítios de gradiente semelhante, em certa localidade, onde eram selecionados os exemplares que se adaptavam melhor no ambiente. Desses exemplares, ou fenótipos, melhores e considerados mais promissores, eram colhidas as sementes para compor os pomares porta-sementes que iriam atender, com a produção de sementes, as necessidades da comunidade local ou regional.

A técnica de seleção dos melhores indivíduos de uma espécie de várias procedências são os testes de espécie e de procedência, realizados por meio de um modelo estatístico. Ela baseia-se no fenótipo, cujos caracteres são visíveis e exprimem as reações do seu genótipo, em resposta às influências do meio. Assim, fenótipo é igual ao genótipo, mais os desvios no ambiente.

A avaliação da descendência ou do grau de descendência seleciona os melhores indivíduos da espécie, por serem geneticamente superiores. Da coleta das sementes desses indivíduos é feito o teste de progênie, para associar os caracteres genéticos com os do fenótipo.

A razão entre as variâncias genéticas e o fenótipo é a herança genética, que no sentido amplo são a propagação vegetativa e a autofecundação, e no sentido restrito é a fecundação cruzada.

Dessa forma, a seleção de espécie com base nos estudos genéticos aufere vantagens técnicas.

7.2. PREPARO DE SÍTIO

Para plantar é preciso preparar o terreno para estabelecer as mudas com mais segurança, evitando dificuldades operacionais que gerem perdas no plantio, concorrência com pioneiras, ataque de pragas e seca permanente das mudas.

Solo impermeável apresenta muitas dificuldades às regenerações. Um modo prático de saber o grau de impermeabilidade é introduzir água em covas abertas e registrar o tempo de escoamento no solo.

Diversas técnicas de preparo de solo poderão ser adotadas, individualmente ou em conjunto, para que se tenha sucesso, como segue.

7.2.1. Com fogo

No preparo do terreno para plantio florestal o fogo é uma das ferramentas menos efetivas, por ser muito perigoso e destrutivo quando incontrolado. O uso mais comum do fogo é nas queimadas de coivaras.

Quando o uso for geral, é necessário que seja rápido ou passageiro na floresta. Sendo demorado, principalmente se atinge alta temperatura, danifica a parte aérea e o sistema radicular de árvores e de outras vegetações perenes.

Normalmente a alta temperatura gerada pelo fogo estimula a germinação de sementes de árvores como a bracatinga, de ervas, de gramíneas, de arbustos como o espinheiro, de palmeiras como o babaçu, de trepadeiras como cipós e de pioneiras diversas que se encontram na superfície do solo.

O uso do fogo torna-se mais efetivo quando combinado alternadamente com os tratamentos químicos e mecanizados do terreno. Após tratamento químico e/ou mecanizado, o fogo serve para consumir gramas e arbustos amontoados. O fogo é muito usado para rebaixamento de camadas de húmus, em florestas de decomposição lenta e com riscos de incêndios.

Em qualquer forma de uso do fogo há a necessidade que exista e seja observado plano de prevenção de incêndio.

7.2.2. Com químicos

Tratamento químico para controlar vegetação invasora e concorrente de culturas florestais é geralmente usado em áreas, ou parte de áreas, onde é inadequado o uso de máquinas, como nas leiras ou entre os espaçamentos estreitos. Em muitos casos toda a vegetação morta por substâncias químicas continua protegendo o solo da seca, da precipitação prolongada e da erosão. O efeito residual do produto químico vale por muitos anos, enquanto no tratamento mecanizado a área trabalhada volta a ser invadida quase imediatamente.

Dalapon é um herbicida barato e de grande sucesso, que torna a área tratada inadequada ao convívio de insetos.

Arbustos, varolas, varinhas e varas podem ser controlados com aplicação de 2,4-D ou de 2,4,5-T. Dependendo da extensão da área a controlar, a aplicação poderá ser feita com almotolia, regador, *sprayer* ou por avião.

A dosagem química deve ser calculada em conformidade com o clima e as espécies a combater.

7.2.3. Com maquinaria

Operações com máquinas são preferidas às demais devido à rapidez e à eficiência no preparo do terreno. No florestamento, as condições dos solos algumas vezes indicam a necessidade de arar, gradear para afofar, destorroar, nivelar e limpar com ancinho, porém a maior necessidade, e geralmente única, é o destocamento com máquina. Para reflorestamento às vezes há necessidade do destocamento por máquinas e limpeza com grade, mas todas as operações são efetuadas com arado e grades, e em alguns casos usando subsolador, tracionados por trator.

Para corrigir afloramento rochoso, depressão, elevações e sulcos no terreno serão necessários o uso de lâmina acoplada ao trator de esteira. O uso de maquinaria é viável para terrenos abertos e planos, ou com pouca inclinação, de solos secos e de boa drenagem. Na destruição de cupinzeiros é usado trator com lâmina frontal.

Em geral o preparo do terreno finaliza-se com uso da grade, que é a operação de maior emprego porque promove movimento na camada superficial de terra até a profundidade máxima de 0,25 m, nivela o terreno, incorpora ao solo partes vegetais remanescentes antes das operações de plantio, retardando a regeneração da vegetação pioneira concorrente.

Na gradagem, e também em derrubadas, e na ripagem para formação de leiras, é geralmente usado trator de esteira de 180 HP para solos úmidos, mais pesados e inclinados, evitando assim o deslizamento e a compactação em sulcos que os tratores de pneus provocam. Trator de esteira é rápido e com potência entre 90 e 100 HP à barra de tração.

Normalmente traciona grades *offset* de discos com 28" a 30" de diâmetro, pesando entre 200 e 250 kg. Em área contendo certo declive é preciso regulagem da distância entre discos para 12", e em terreno trabalhado ou ripado, de solo pouco pesado, sem pedras e sem vegetação lenhosa, o equipamento mais recomendado para ser tracionado é a grade de 20 discos de 28", tipo *offset*, pesando até 3.500 kg, que atinja 170 a 180 kg por disco, pois oferece eficiência e economia na tarefa.

Operação com subsolador facilita o direcionamento das linhas de plantio, retarda a concorrência de plantas pioneiras, facilita o direcionamento das raízes e a absorção de umidade, favorecendo o desenvolvimento das mudas e tornando o plantio economicamente mais viável.

7.3. CONSTRUÇÃO DE ACESSO

Acesso é qualquer via de entrada ou passagem na periferia ou interior da floresta como aceiro, caminho, carreador, estrada e trilha. A construção de acesso é de grande necessidade no planejamento das regenerações por facilitar as atividades de plantios, de delimitação e proteção de talhões, nos planos de cortes, de baldeação e de extração dos produtos florestais.

Aceiros contornam áreas de propriedades e de florestas com o objetivo de separar talhões, impedir propagação de incêndios, facilitar o corta-fogo e o combate aos incêndios florestais. Aceiros internos que separam talhões vizinhos têm de 4 m a 5 m de largura. Quando separam grupos de 3 ou 4 talhões a largura deverá ser o dobro, cujo leito central carroçável terá a metade da largura.

Além do aceiro há caminho e trilha para trânsito a pé, em animal, bicicleta e moto, e para arraste de toras da floresta para o carreador.

Carreador e estrada servem o trânsito pesado, por isso deverão conter leito de 10 m de largura e coberto com cascalho.

Grandes florestas plantadas são divididas em talhões com largura entre 150 m e 300 m e comprimento, que varia de 500 m a 1.000 m para facilitar as operações de plantio, de tratos culturais, de prevenção e combate aos incêndios, de corte e derrubada, de desdobramento e de extração e transporte de toras.

Distância de arrasto de toras nas áreas com grandes inclinações e ondulações deve ser mais reduzida do que nas planas e pouco onduladas, por motivos de economia e segurança.

7.4. COMBATE ÀS PRAGAS

Pragas como cupins, formigas cortadeiras, grilos e roedores são ameaças às mudas plantadas.

Formigas serão combatidas 30 dias antes do plantio com isca de formicida "MIPS", que é embalagem plástica impermeável que contém de 10 a 20 gramas de formicida granulada. Para atrair as formigas, colocar as unidades em uma solução açucarada na proporção seguinte: meio litro de mel ou melado diluído em meio litro de água. Em seguida espalhar as iscas no solo no espaçamento de 20 em 20 metros. As iscas são tóxicas para animais. Não sendo consumidas pelas formigas em duas semanas, as iscas poderão ser recolhidas e guardadas.

Para combater o ataque de lagartas nas grandes plantações, especialmente de Eucalipto, o combate mais eficaz é por avião, mas o inseticida recomendável deverá ser averiguado em laboratório, para efeito de eficiência, economia e segurança.

Com o fim de prevenir ataques de cupins, especialmente cupins subterrâneos, colocar cerca de 200 g de calcário no fundo da cova antes de introduzir a mistura terra/adubo e dispor a muda na cova.

7.5. PLANTAÇÃO

Plantação florestal é feita no intuito de atender a um ou mais objetivos, embora, muitas vezes não sejam alcançados por falha operacional. Assim, para estabelecer os plantios, no florestamento ou no reflorestamento, com sucesso há que se considerar o seguinte procedimento:

a) Plantação de mudas saudáveis e vigorosas de espécies adaptadas ao sítio;

b) Plantar em terreno bem preparado de modo correto e no tempo certo;

c) Assegurar cuidados e proteção necessários à plantação.

Cumpridas tais considerações, as perdas, se ocorrerem, serão mínimas independentemente de o plantio ter sido executado pelo método manual ou mecanizado. Sobrevivência, incremento e rendimento dependem do bom desenvolvimento do sistema radicular, das mudas plantadas.

Assim, a cova e o sulco devem possuir profundidade compatível com o tamanho da muda da espécie definida para plantio, e a ferramenta usada deve ser apropriada, o solo estar preparado e o plano ser benfeito e bem monitorado.

Observa-se que a escolha do método não é apenas pela preferência fortuita, depende da condição do sítio, da técnica e do equipamento adequado disponível.

7.5.1. Método manual

No plantio manual as mudas são colocadas nas covas, ou em sulcos já abertos com a mão e com a ajuda de ferramentas manuais como chuços, cavadeira manual, enxadinha e pá em cunha. O método manual é favorável em local com mão de obra disponível e treinada.

Há dois modos de fixar as mudas no solo. Um é o de compressão e outro, de cova aberta.

Pelo método de compressão a cunha ou vanga é introduzida no solo para afastar a terra, e logo em seguida deve-se introduzir na fenda o sistema radicular, que se fixará por compressão da terra. É mais usado em solos leves e ricos em húmus.

No método de cova aberta a terra é retirada da cova e, após a muda ser introduzida, a terra é reposta e comprimida até a fixação. Este é melhor para terrenos de solo pesado.

A plantação em covas, embora seja lenta, poderá oferecer maior eficiência se a mão de obra for treinada e acostumada com o serviço. A muda na cova ou no sulco poderá ficar bem posicionada e auferir maior rendimento. É recomendável não comprimir a raiz no fundo da cova para prevenir enovelamento. Raiz espichada ou estendida favorece o desenvolvimento da parte aérea das mudas após o plantio.

7.5.2. Método mecanizado

Neste método a muda é colocada com a mão pelo plantador, em covas ou sulcos abertos com máquinas apropriadas ao serviço.

Existem muitos tipos de máquinas plantadoras de mudas, todos seguindo os métodos de tração por trator. Possuem arado de bico de pato para abrir sulco ou roda com pé de carneiro para abrir covas, carreta com assento, fenda para distribuição de mudas no sulco e par de rodas inclinadas para dentro em ângulo de 50° que comprimem a terra no sulco.

Existem máquinas plantadoras automáticas e semiautomáticas. A primeira é um tipo com cortador circular, ou roda, que gira enquanto a máquina se desloca no terreno distribuindo mudas. A distribuidora atua por movimento de correia frouxa e pinças móveis conjugadas ao disco ou cortador de solo. O espaçamento planejado é regulado por disco ou por marcadores-guias. Há equipe de operários ou esteiras que efetuam o carregamento das plantadoras. A segunda, ou semiautomática, é menos sensível e frágil que a primeira, porque as mudas são colocadas por operador, através da fenda própria da máquina.

O inconveniente dessas máquinas de plantar é que só trabalham em fileira, ou em linha reta, sendo imprecisas em contornos porque o arado dificulta a regulagem da profundidade e largura das covas e sulcos, e as rodas que comprimem a terra desregulam.

A grande vantagem das máquinas é plantar grande número de mudas por hora durante longo tempo por dia.

7.6. PROCEDIMENTO

o sucesso na implantação depende do efeito do procedimento no programa florestal que controla a execução do plano. Na decisão técnica do processo de plantação, alguns detalhes deverão estar definidos como: a) onde será estabelecido o plantio; b) quando será feito; c) que espécie é recomendável plantar; d) como plantar; e) número de plantas por hectare.

a) Onde estabelecer o plantio

Onde estabelecer o plantio é uma decisão administrativa baseada nos itens: 1) levantamento recente das plantações; 2) mapa de qualidade de sítio; 3) mapa de vegetação e solo; 4) estoque ideal de produção; 5) despesa local. Para executar o florestamento, o administrador terá mais dificuldades na aquisição dos dados para estes cinco itens.

A escolha do local normalmente recai em terreno que assegure pouca perda de mudas, e assim pouco replantio, menor investimento em mão de obra e insumo, maior incremento em volume da produção e retorno garantido.

Quanto ao sítio, o solo, sendo bom e profundo, o melhor local para situar as mudas é nas sombras ao lado de troncos, cepas e pedras. Elevações com possibilidade de seca, depressões com água parada e sujeitas a aterramento põem em risco o plantio.

Especificação e orientação da dispersão espacial e do espaçamento entre plantas requerem conhecimento técnico condizente, porque cada espécie apresenta exigência própria. Tais procedimentos são observados nos plantios manuais ou mecanizados.

O procedimento para escolha do ponto de abertura de cova poderá ter por base o seguinte: 1) para espécie sensível à luz solar em excesso e ao vento forte escolher a proteção de árvores remanescentes, de encosta, de troncos ou toras tombadas e de pedras; 2) o terreno deverá possuir solo de boa drenagem.

Evitar manchas úmidas dominadas por gramíneas e palmáceas, por possuírem trechos secos e outros encharcados, mas com baixa capacidade de liberação de umidade, e também as depressões, porque no período de enxurradas as mudas ficam enterradas nos detritos carreados.

b) Quando efetuar o plantio

Saber quando plantar é necessário para assegurar a sobrevivência das mudas. Na região central do país, os plantios começam no final da primavera, quando se iniciam as precipitações, que se estendem até o final do verão. Plantar fora de época é arriscado, porque antes da primavera o ar e o solo são secos, as chuvas são esporádicas e a temperatura é elevada. Após o verão, o período chuvoso é curto e instável, a concorrência vegetal é maior e o solo estará mais endurecido.

Nessa fase as mudas no viveiro poderão estar enraizando fora da embalagem e muitas já estarão com a raiz enovelada dentro da embalagem. Com fuste e copa grandes e condições fisiológicas prejudicadas o desenvolvimento radicular das mudas, plantadas em tais condições, ficará pobre e o incremento da parte aérea torna-se mais lento.

Plantação em qualquer momento do período chuvoso pressupõe sucesso pleno, mas é possível ocorrer falhas ocasionais. Mesmo no período adequado, o plantio deverá iniciar quando as mudas no viveiro já estiverem bem endurecidas e o solo bastante umedecido até a profundidade de pelo menos trinta e cinco centímetros. Período chuvoso muito curto ou plantio fora de época prejudica o sucesso da operação. Há grandes perdas de mudas recém-plantadas quando ocorre um veranico prolongado.

Para prevenir perdas de mudas no período de estiagem é recomendável aplicar, na cova no ato do plantio, solução de gel com dosagem inerente à espécie e ao período do plantio.

Nas áreas de encostas os plantios deverão ser efetuados assim que firmar o período de chuvas e precedendo os plantios das demais áreas.

c) Que espécie plantar

Duas considerações determinam a escolha da espécie a plantar em um meio ou ambiente, uma é o objetivo do plantio e a outra é a ecologia da espécie.

No objetivo a floresta plantada poderá servir para amenidade, para produção e para proteção. Outra consideração é que a ecologia da espécie, autoecologia ou sinecologia, deva coincidir com a do local escolhido para o plantio. Assim, a primeira consideração enfoca o interesse no tipo do produto a ser conseguido e a segunda refere-se à adaptação da espécie. Em geral essas considerações determinam a escolha adequada e inclusão da espécie apropriada no plano de regeneração.

Quando o objetivo é a produção de madeira a irradiação solar, a temperatura, a topografia e a umidade definem a escolha da espécie adequada para auferir o rendimento planejado. Desse modo uma definição equivocada na escolha da espécie irá produzir árvores com copa de tamanho desproporcional à relação altura – diâmetro à altura do peito e à área foliar, fuste afilado, verticilos com muitos galhos e pouco distanciados entre si e maior consumo dos elementos do gradiente de recurso.

Sortimento em grandes maciços constituídos de árvores, de uma ou mais espécies plantadas, apresentam sortimento de diversos tipos de produtos que ampliam a oferta no mercado. As espécies mais desejáveis são as que atendem a diversos fins, com produtos madeireiros e não madeireiros.

Em ambientes com 80% de nebulosidade, como nas regiões norte e sul, espécies tolerantes à sombra poderão ser plantadas a céu aberto sem apresentar grandes problemas, mas, nas demais, principalmente naquelas com mais de 80% de luminosidade, as espécies tolerantes serão afetadas, porque ficam com copas amplas e fustes afilados e curtos, prejudicando a produção de madeira.

d) Como plantar

Plantar é estabelecer mudas no local definitivo, para que cresça e componha a floresta pretendida. Há o plantio manual e o mecanizado, que podem ser feitos em cova ou em sulco. Convém observar que, embora diferentes, os procedimentos em ambos têm a mesma atenção nos detalhes.

O processo de plantio em cova é considerado mais vantajoso e promissor, especialmente por ser o preferido no método de plantio manual.

É importante definir com antecedência as distâncias entre covas, optando previamente pelo espaçamento mais conveniente tecnicamente.

Na prática é muito comum se observar a preferência por três espaçamentos no florestamento e no reflorestamento no Brasil. Por isso, é apresentado o diagrama teórico de campo na Tabela 4.

Na disposição dos espaçamentos, o de maior área é 3,0 m × 2,0 m que se situa no meio porque em plantios regulares com um mesmo espaçamento cobrindo muitos hectares, as árvores centralizadas, isto é, as que ocupam o centro do plantio, por vezes, apresentam deficiências devido à escassez dos elementos de crescimento.

Tal ocorrência é só em árvores advindas de sementes, pois de clone é a mais difícil de acontecer.

Tabela 4. Diagrama de campo de regeneração com disposição de três espaçamentos.

(1)	(1)	(1)	(3)	(3)	(3)	(3)	(2)	(2)	(2)
(1)	(1)	(1)	(3)	(3)	(3)	(3)	(2)	(2)	(2)
(1)	(1)	(1)	(3)	(3)	(3)	(3)	(2)	(2)	(2)
(1)	(1)	(1)	(3)	(3)	(3)	(3)	(2)	(2)	(2)
(1)	(1)	(1)	(3)	(3)	(3)	(3)	(2)	(2)	(2)

Cada quadrilátero representa um hectare onde:
(1) – Espaçamento 3,00 m × 1,00 m, com 15 ha.
(2) – Espaçamento 2,00 m × 2,00 m, com 15 ha.
(3) – Espaçamento 3,00 m × 2,00 m, com 20 ha.

Estes três espaçamentos adotados em qualquer regeneração artificial em áreas rurais, ou em uma região extensa, oferecem vantagens econômicas e ecológicas porque aliam a capacidade do solo e as exigências da espécie ao tipo de plantio.

No espaçamento menor (1) haverá maior dificuldade nos tratos culturais, o primeiro desbaste será efetuado mais cedo e o seu produto terá menor utilização, porém, do segundo desbaste em diante as árvores oferecerão produtos bem melhores.

O espaçamento (2) também apresenta dificuldades nos tratos culturais, porém, como o espaço é maior por planta, o primeiro desbaste não será tão cedo.

No centro o espaçamento (3), sendo maior, apresentará menor concorrência entre plantas por elementos de crescimento no nicho, mas a luminosidade será mais incidente.

Quando a escolha é pelo plantio mecanizado, deverá ser medida a distância entre sulcos e a distância entre covas nos sulcos.

Os detalhes do procedimento técnico do plantio manual são:

1. Preparar a área onde será aberta a cova. Limpar detritos e terras secas e soltas, em área com aproximadamente 35 cm², onde será centralizada a cova. Muitas falhas podem ocorrer devido à queda de detritos, como pedregulho, gravetos e outros elementos, no interior das covas durante o plantio das mudas.

2. Preparo das covas. A profundidade das covas deverá ser suficiente para acomodar convenientemente o comprimento total das raízes das mudas. As raízes das mudas não devem dobrar nem enovelar no fundo das covas.

3. Retirada de muda da embalagem. Distribuídas ao lado das covas já abertas, as mudas serão retiradas das embalagens somente no ato do plantio, para que não ressequem. Caso a embalagem seja retirada com muita antecedência a muda poderá perder água e entrar em seca temporária, o que certamente afetará a sua fisiologia. A retirada da embalagem requer cuidados que previnam danos às raízes. Em plantio extenso ou demorado é recomendável conservar as mudas úmidas, protegidas em sacolas de plantio e se possível sob cobertura de proteção.

4. Como dispor a muda na cova. Introduzir a muda verticalmente na cova, onde deverá ficar paralela às paredes da cova e as raízes dispostas normalmente, sem ficar comprimida contra a base da cova, para não dobrar nem enovelar.

5. Como encher a cova. Com uma das mãos segurar a muda na posição devida e com a outra mão colocar a terra umedecida e pressionar para que a muda fique firme. Desse modo o solo fica comprimido em torno das raízes, na base da cova e ao nível do terreno. O colo da muda, se possível, deverá ficar no nível do terreno, para que a depressão não fique muito aprofundada. Por isso, a muda não pode ser colocada muito abaixo nem acima do nível do solo. Quando bem colocadas, as mudas crescem bem e competem melhor na concorrência.

e) Número de plantas por hectare

Este item é importante porque envolve distâncias entre plantas. A definição numérica é crucial, por envolver gastos com número de mudas a plantar, custos de plantio, incremento e rentabilidade das plantas e tipos de tratamentos futuros. Não é tão fácil definir espaçamento correto sem uma orientação de dados experimentais, uma vez que os espaçamentos variam com as exigências das espécies, com a qualidade dos sítios e com o objetivo do plantio.

Considerar o número de indivíduos a plantar por hectare é um detalhe que requer grande atenção. A tentativa mais viável talvez seja a de considerar espaçamentos e número de árvores por hectare, como podemos observar na Tabela 5.

Tabela 5. Cálculo do total de plantas por espaçamento por hectare.

Item por espaçamento	Espaçamento entre plantas	Total por hectare
1	3,00 m ×1,00 m	3.333,33
2	2,00 m × 2,00 m	2.500,00
3	3,00 m × 2,00 m	1.666,66
Médias	2,00 m × 2,00 m	2.500,00

O espaçamento 3,00 m × 1,00 m ao receber desbaste, mecânico ou sistemático, ficará alterado para 3,00 m × 2,00 m; neste caso as árvores ficarão mais disciplinadas e com mais possibilidade de apresentar maior rendimento. Os espaçamentos das linhas 2 e 3 só sofrerão desbaste com base em cálculos e no tempo hábil.

7.7. Custos de Implantação

Os custos de implantação ocorrem, incluindo as práticas principais e acessórias na silvicultura, nas atividades de estabelecimento de florestas que emprega valores para a produção florestal.

Os valores das quantidades de mudas, por espaçamento por hectare, ao preço fictício de R$ 0,20 a muda, oferecem três cifras cuja média, considerando a Tabela 1, é de R$ 500,00 por hectare.

Tabela 6. Valores em reais por unidade e total de mudas, por espaçamento e a média por hectare.

Item	Total por hectare	Valor por muda individual	Valor total em R$/Ha
1	3.333,33	0,20	666,66
2	2.500,00	0,20	500,00
3	1.666,66	0,20	333,33
Média			500,00

Os custos a considerar estão relacionados com a finalidade do plantio do empreendimento rural, representados pela soma dos valores empregados nas tarefas de implantação da regeneração artificial.

Na tabela que segue há o modelo discriminando custos das atividades de implantação de regeneração artificial como florestamento, reflorestamento, plantio consorciado, plantios em grupo e em regeneração mista.

Tabela 7. Resumo dos custos de implantação de regeneração florestal por operação e respectiva percentagem.

Discriminação	Valores por Hectare	
Operações	Totais em R$	%
Preparo do terreno	1.000,00	25
Viveiro	880,00	22
Plantio	800,00	20
Manutenção	580,00	14,5
Serviços	740,00	18,5
Totais	4.000,00	100,00

Sendo R$ 4.000,00 por hectare o custo total do empreendimento e havendo os valores inerentes a cada operação, dependendo da eficiência de mão de obra e das variações no terreno e dos tipos de serviços surgirão diferenciações de valores, como na tabela seguinte, cuja representação média é em totais e percentuais.

Pela apresentação da coluna dos percentuais é possível efetuar o controle das despesas e o balanceamento das operações. Convém lembrar que os custos estimados para um hectare não representam necessariamente a multiplicação de dois ou mais hectares porque com a expansão da área as operações vão mudando, possivelmente diminuindo, de valores em reais e em percentuais. Geralmente, quanto maior o número de hectares plantados, menor se torna o preço por hectare.

Como exemplo para regeneração artificial de 50 hectares, supondo que as propriedades adotem três espaçamentos diferentes que somados individualmente compunham três totais diferentes em hectare, a distribuição do número de mudas poderá ser semelhante à da tabela que segue. Assim, em regenerações seguindo três espaçamentos diferentes, o número de mudas a plantar será de 121.000 (arredondado), como se vê na Tabela 8.

Tabela 8. Total de mudas a ser estimado para cinquenta hectares de plantio em uma zona rural com a mesma espécie, porém, com três tamanhos de espaçamento e de número de hectares diferenciados.

Espaçamento em metros	Hectares	Nº de mudas	Nº total
3,00 × 1,00	15	3.333,33	49.999,99
2,00 × 2,00	15	2.500,00	37.500,00
3,00 × 2,00	20	1.666,66	33.333,20
Total			120.833,19

Os dados desta tabela estão relacionados com os do diagrama da Tabela 4 e a decisão por qualquer um ou mais dos espaçamentos, considerados nesta tabela não deverá ser com base em sua coluna ou linha, mas também nos dados da Tabela 7.

8 PREVENÇÃO DE INCÊNDIOS FLORESTAIS

Incêndio é o fogo em expansão descontrolada no interior das florestas, que consome um grupo uniforme de combustível. Por isso o fogo é considerado homogêneo em temperatura, embora varie em extensão, em densidade e na forma de sua expansão.

A ocorrência do incêndio florestal depende de oxigênio, que é o ar atmosférico, de calor advindo de luz solar, de faíscas, das chamas, da alta temperatura, que forma a temperatura de ignição, e do material combustível.

Assim, para que ocorra incêndio, há necessidade do triângulo de fogo e de um momento apropriado. O fogo, nos incêndios, forma um processo físico-químico.

O processo físico provoca a morte e a transformação de componentes do ecossistema. O químico promove alteração nos componentes químicos constituintes de animais, de vegetais e do meio, desprendendo energia na forma de calor.

Os biomas com períodos de secas e ventos predominantes prolongados são os mais susceptíveis aos incêndios, especialmente aqueles com matas ou florestas de pouca densidade, e com destaque as invadidas por ciperáceas, cipós e gramíneas.

Na combustão ocorre a seguinte reação:

> Celulose + Oxigênio + Energia® Dióxido de carbono +
> + Água + Energia

Na fotossíntese a reação é inversa, como:

> Dióxido de carbono + Água + Energia® Celulose + Oxigênio

A forma como os incêndios florestais transformam os componentes do ecossistema poderá provocar desequilíbrio biológico e, portanto, dano irreversível ao ambiente e à produção vegetal.

O ambiente natural do "Bioma Cerrado" é sensível porque a vegetação predominante é a mata com pouca densidade, que sofre alteração fisiológica no período de alta precipitação local, concentrada no intervalo de cinco meses, e mais ainda no período seco prolongado.

Há também a ocorrência de ventos fortes direcionados e de alta luminosidade que contribuem para as alterações fisiológicas das plantas e o baixo rendimento das diversas espécies locais.

O solo predominante é o latossolo, que, principalmente nas elevações, é geralmente ácido e intoxicado por alumínio e sem a devida proteção da cobertura vegetal sofre alterações físico-químicas. Entretanto, quando há obediência técnica, nos plantios e nos cortes ou derrubadas, o desenvolvimento de espécies na regeneração florestal fica melhor.

Com referência aos incêndios florestais, a prevenção é a fase mais importante, por evitar, ou pelo menos retardar a ocorrência destes, facilitar os preparativos de combate e extinguir os incêndios iniciais com maior rapidez.

A fase de prevenção de incêndios é de mais fácil acompanhamento nas propriedades particulares, das empresas e das fazendas, em que os trabalhos de limpezas e conservação seguem programas preestabelecidos.

Esta fase exige investimento de capital e retorno rápido do seguinte modo:

- Não ocorrendo incêndio florestal não haverá prejuízos, com a perda da produção;
- Se o controle for eficiente e cuidadoso, todo o material e as despesas para o combate serão poupados.

Incêndios transformam materiais e produção, que exigiram tempo de aquisição e grandes investimentos de capital de produção, em prejuízos.

Assim, a ocorrência de incêndio florestal gera os prejuízos de grande monta, devido às perdas em:

> **Capital + Tempo + Reposição**

Tais índices de perda indicam que devem ser aumentadas as medidas de alerta e as proibições de práticas que possam provocar chamas pelos atos de: fumar; cozinhar; acender lampião e vela e aquecer materiais no sítio, durante as práticas de silvicultura e de agricultura.

O valor sugere que a vigilância também deva ser aumentada a um nível que assegure a prevenção.

8.1. TIPOS DE INCÊNDIOS FLORESTAIS

O incêndio pode ocorrer na forma generalizada ou atingir um grau particular, em termos de localização.

Assim, incêndios florestais poderão ocorrer sob, na e acima da superfície do solo, dependendo da localização do material inflamável.

Mas tudo isso dentro de certa situação como: tipo de povoamento, de solo, de condição ambiental e do tempo. Por tudo isso, os incêndios poderão ser de superfície, de copa e subterrâneo.

8.1.1. De superfície

Estes incêndios são mais comuns e atingem qualquer tipo de cobertura florestal, homogênea ou heterogênea, sendo de rápida expansão, o que provoca danos generalizados.

Quase sempre se originam do acúmulo de material combustível formado de matéria orgânica não decomposta ou em fase de decomposição e seca.

8.1.2. De copa

Situam-se especialmente, acima da superfície do solo, nas copas das árvores, principalmente de resinosas, nas florestas de coníferas.

Devido à forma e à composição da parte inflamável, os incêndios tornam-se de difícil controle.

8.1.3. Subterrâneos

É um tipo de incêndio que surge na ausência de quantidades plenas de oxigênio e umidade.

Forma-se pelo acúmulo de camadas de húmus e turfa em processo de transformação, que penetra nas camadas inferiores do solo.

Caracteriza-se pela queima de materiais, sob a superfície do solo, por alta temperatura, ausência de chamas e com pouca ou nenhuma fumaça. Por isso apresenta alta dificuldade de prevenção e de controle.

8.2. PREVENÇÃO

Normalmente é assegurada a prevenção de incêndios apenas pela dispersão do estoque dos materiais que se inflamam e alimentam o fogo nas florestas.

Outra base da prevenção é a análise dos "registros" de fogo, que possibilite determinar a causa de incêndios florestais anteriores, local de maior frequência e período de maior periculosidade.

Sendo localizadas e delimitadas nos mapas as áreas que precisam de maior controle e eficácia na prevenção de incêndio, é necessário definir o período de tempo para maior vigilância.

Uma medida bem eficaz de previsão dos riscos de incêndios é a classificação diária de perigo de incêndios florestais por meio de dados meteorológicos e das condições de material indicador, e marcá-la no painel colocado em cada área de controle.

Os registros oferecem dados estatísticos e localizam a área de maior perigo e ocorrência de fogo, principalmente a "causa do fogo".

Definida a "causa do fogo" ampliar as análises de ocorrência, as formas preventivas e as alternativas em planos que tornem a prevenção tão eficaz, que aufira confiança e otimismo.

O grau de perigo de incêndio pode ser calculado por meio de diversas fórmulas como: De Angstron – de Nesterov – de Telitsyn – de Monte Alegre e outras.

Pela fórmula de Angstron, que é a mais simples, teremos:

$$B = 5H - 0,1 \ (T - 27)$$

Em que:

B = índice de perigo de incêndios florestais;

H = umidade relativa do ar às 13h00;

T = temperatura do ar às 13h00.

Quando B for inferior a 2,5, será alto o risco de incêndios florestais.

8.3. MATERIAL COMBUSTÍVEL

O material combustível pode ser matéria viva como: capim, grama, erva, cipó, samambaia, etc.; materiais mortos e secos advindos de flores, frutos, folhas, sementes, ramos, casca, madeira, etc. e húmus, bruto, em elaboração e elaborado.

A prevenção destes materiais, que iniciam e alimentam um incêndio, será feita por meio de práticas em Silvicultura como: limpeza, tratamentos de solo e de floresta, exploração e baldeação de madeira, especialmente de árvores ou partes de árvores caídas e secas.

8.3.1. Classificação de material combustível

a) <u>Perigosos:</u> musgos, liquens, folhas secas, arbustos e ramos;
b) <u>Semiperigosos:</u> ramos e galhos, troncos secos e toras secas;
c) <u>Pouco perigosos:</u> materiais verdes.

8.4. CLIMA

Os fatores atmosféricos que mais influenciam na ocorrência de incêndios florestais são:

- <u>Precipitações:</u> chuvas, neblinas e orvalho, bem distribuídos.
- <u>Umidade relativa:</u> quando baixa significa maior evaporação e, assim, maior secagem do material combustível. A umidade relativa é um índice de comportamento de incêndio: acima de 60% evita propagação de fogo; entre 25% e 60% favorece-a, e abaixo de 25% facilita a rápida propagação.

Tabela 9. Índices de umidade relativa em percentagem que sugerem o grau de periculosidade local.

Percentuais de umidade relativa	Grau de periculosidade
Acima de 70%	Não haverá perigo
De 46-70%	Pouco perigo
De 26-45%	Perigoso
Abaixo de 25%	Extremamente perigoso

- **Temperatura do ar:** a temperatura do ar atmosférico exerce influência indireta no aparecimento e na propagação de incêndios florestais. Acima de 29,4°C, o ambiente torna-se extremamente perigoso. Abaixo de 12,8°C é normal, não acarretará perigo.
- **Ponto de orvalho:** este fator significa o ponto em que a temperatura ambiente, quando o ar resfriado sob pressão é constante, se torna saturado de umidade. Se a diferença entre a temperatura do ar e a temperatura do ponto de orvalho, às 10h da manhã, for superior a 15°C, haverá grande possibilidade de ocorrência de incêndio no dia.
- **Vento:** é sempre o fator primordial na taxa de combustão, porque altera a taxa de oxigênio, resseca materiais e expande o fogo.
- **Insolação e irradiação solar:** ressecam o material, tornando-o de fácil combustão.
- **Evaporação:** tem influência direta no perigo do fogo, porque influi no grau de secagem.
- **Raios:** descargas elétricas podem originar fogo e, consequentemente, incêndios florestais.

8.5. MEDIDAS

As medidas de prevenção mais importantes, em ordem de influência, são:

1. **Educativa:** para evitar o fogo acidental e a má distribuição de lixo perigoso, e fazer com que a população se torne obediente aos avisos e às normas.
2. **De vigilância:** medida eficaz, embora de custos variáveis. Deve conter equipamentos suficientes para atender a necessidade, e seus custos dependem do plano de prevenção.

3. Técnicas: de primordial importância na prevenção e no controle de incêndios florestais, são as medidas que previnem com controle eficiente; incluem índice de incêndio; existência de torres de observação; central de incêndio equipada; existência de convênio com as unidades de combate; participação de programas cooperativos e manutenção de um sistema definido de combate aos incêndios florestais. Existem esquemas técnicos em regenerações florestais que possibilitam aos planos de estabelecimento, de desbastes e de cortes nas florestas prevenir incêndios florestais e urbanos.

8.6. PLANO DE PREVENÇÃO

É a sequência de medidas concatenadas que reduz ou, se possível, anula, as causas de incêndio independentemente do efeito.

Todas as atividades de prevenção e combate aos incêndios florestais estarão a cargo de um setor exclusivo na área administrativa, que deverá ser bem entrosado com os demais para assegurar dinamismo e eficácia.

A equipe do setor deve cumprir o seu papel como se estivesse em preparação, especialmente nos meses mais perigosos, para combater um incêndio florestal em vias de ocorrência.

Os trabalhos de prevenção exigem planejamento, atividade constante, treinamento e equipamento, em que a planta baixa é a principal.

A relação dos componentes de primeira necessidade é formada dos seguintes itens: goniômetro, mapas, registros, avaliação, relações de material, maquinaria e equipamento de campo, pessoal, controle, conjunto de comunicação, treinamento e monitoramento.

9 PRODUÇÃO

Produção florestal é o ato ou efeito de gerar produtos de utilidade na floresta, na produção direta e na produção indireta, de valor econômico, que satisfaça as necessidades humanas.

No ambiente rural as necessidades humanas, além das pessoais, são de participação da comunidade no trabalho e na renda que as atividades da silvicultura geram. A renda melhora quando aumenta a diversificação, a quantidade e a qualidade da produção.

Advindos da floresta há casca, cera, essência, flor, folha, fruto, gordura, látex, madeira, óleo, resina, seiva, semente, raiz e outros produtos naturais, que possam ser transformados em valor para a empresa e para o mercado.

Na comunidade existem os produtores, os extratores e os comerciantes com conhecimentos, tradições e treinamentos diferenciados, porém, úteis para as atividades na silvicultura.

A produção é considerada como o valor interno de toda a atividade produtiva de um empreendimento, especialmente da empresa florestal, sendo avaliada pela quantidade por quilo, pela medição das áreas basal e transversal, por estéreo, em incremento, em m³, por litro, pelo número de árvores por unidade de área e em tonelada.

Em atividade econômica, a produção é considerada com êxito quando promove consumo, causando fluxo entre o produtor e o mercado consumidor. Há também, no ambiente econômico rural, a produção florestal para consumo indireto como proteção e melhoria da água, do ar, fixação de carbono e dos poluentes e as recuperações ambientais.

Pela aceitação do produto no mercado é que será possível definir receita, obtendo êxito, e receita não obtendo êxito. Obtém-se êxito se houver rendimento da empresa e rendimento neutro. No rendimento da empresa existem lucro e valor interno da produção.

Valor interno compreende o valor do custo investido na produção, em contraposição ao valor do produto no mercado, que é dado pelo preço do mercado e aplicado para a determinação do rendimento.

Pode-se calcular a produção madeireira como valor interno da empresa, por meio da mensuração e do preenchimento de tabelas, e pela verificação do custo anual total da empresa florestal. Com isso será obtido o volume interno por m³ de madeira que determinará pelo preço de mercado o valor interno da produção por m³.

A atividade florestal econômica pode ser dividida em produção e consumo promovendo o movimento dos produtos. O ponto central neste sistema é o mercado, porque sem o fluxo os produtos ficarão estagnados, pois no mercado é feito o estoque dos produtos para a oferta e haverá saída se existir procura.

A produção corre pelo mercado para o lado do consumo. O encontro das forças da oferta e da procura no mercado é quem promove o movimento de mercadoria e a formação do preço.

Particularmente no Brasil, muitos fatores causam diferenciação na produção florestal, especialmente de madeira, como:

a) <u>Situação do Bioma:</u> Amazônia, Caatinga, Cerrado, Mata Atlântica, Pantanal, Campos e Zona Costeira Marinha;
b) <u>Extensão da área da cobertura florestal;</u>
c) <u>Tipo florestal e a composição da flora;</u>
d) <u>Incremento das florestas formadas por clones:</u> maciços de *Pinus* rendem de 200 a 250 m^3/ha, após 4 anos de idade de plantio, e de *Eucalyptus* rendem cerca de 200 a 300 m^3/ha;
e) <u>Parâmetros fitossociológicos:</u> área basal, densidade, frequência e dominância;
f) <u>Distância dos centros produtores e consumidores:</u> depende da região onde se situa a floresta;
g) <u>Possibilidades de transportes:</u> por via aérea, via aquática e via terrestre;
h) <u>Condições da economia e da política florestais:</u> espécies liberadas para exploração e comercialização;
i) <u>Rendimento na região de cerrado:</u> a mata ciliar e a floresta úmida apresentam variação de 50 a 200 arbustos e árvores que totalizam volume máximo de 50 a 100 m^3/ha, cerradão chega a 180 arbustos e árvores e volume de 12 m^3/ha e cerrado ralo contém 70 arbustos e árvores e volume de 5,00 m^3/ha.

Para a definição do rendimento há necessidade de planejamento anual ou para períodos mais longos, que apresente com exatidão os rendimentos e os custos passíveis de ocorrer a certo prazo. A longo prazo a atividade produtiva da empresa somente é justificada se os rendimentos forem maiores do que os custos.

Quando a empresa possui tarefas de bem-estar público, como conservação dos solos ou do ambiente ou o controle do regime de água, poderá ficar na dependência de repasse de verbas públicas.

Itens necessários às estimativas de rendimento:
a) Área total;
b) Distribuição da área por tipo florestal;

c) Altura dominante, relação dos tipos por classe de produção (essências florestais e estrutura da floresta) ou índice de sítio, classes de diâmetros (ou idade nas plantações artificiais), classes de qualidade;
d) Volume e incremento em m³/hectare, calculado em cada tipo florestal;
e) Incremento anual (m³/hectare) para cada tipo florestal;
f) Método de corte ou de desbaste.

Figura 17. Regeneração artificial para atender a produção industrial.

As florestas de produção da Figura 17, a longo prazo, contribuem com a exploração rentável quando atingem o período de reposição estabelecido por cálculos e avaliações. Cada floresta apresenta índices próprios ajustados por gradiente, que possibilitam as estimativas de produção e de corte concomitante.

Nem sempre a exploração deverá ser direcionada unicamente às necessidades do mercado porque o rendimento da produção depende da vocação de cada floresta.

Extração de produtos, principalmente madeiras, para atender unicamente a necessidades de mercado quando independem da vocação da floresta, estará prejudicando o retorno da matéria-prima e, em consequência, o consumo futuro.

Anualmente o consumo de madeira e de produtos não madeira aumenta devido às seguintes razões:

a) Crescimento demográfico;

b) Elevação do nível de vida;

c) Expansão da agropecuária;

d) Desenvolvimento industrial ;

e) Necessidades energéticas.

A floresta natural ou plantada para suprir as necessidades sociais precisa deinvestimento, a começar pelos fatores da produção.

Fatores da produção:

a) Terra, que na empresa constitui o terreno com cobertura florestal;

b) Mão de obra, que atua na administração, no viveiro, no plantio, nos tratos em silvicultura, na manutenção de maquinaria, na exploração e no mercado;

c) Capital real, sendo os terrenos próprios e as instalações da empresa florestal, como máquinas, prédios, estradas, a produção e o rendimento;

d) Capital em dinheiro, servindo para as despesas correntes e as transações financeiras imediatas.

A produção, como resultado do investimento, deverá ser maior do que a inversão, ou pelo menos igual por um tempo. Os valores investidos em dinheiro e mobilizados para o fim da produção da empresa, dentro de prazo distinto, representam os custos de produção.

O valor da produção de um tipo florestal é o preço, do volume em crescimento por hectare, existente no momento da programação do corte.

Para a garantia da produtividade há necessidade de se observar as obrigações:

a) A área mínima da tipologia florestal;
b) O tipo de produto;
c) Assegurar uma produção sustentável.

O crescimento demográfico e o desenvolvimento industrial elevam a procura e provavelmente os preços, devido à maior necessidade de consumo de madeira. Para atender tal demanda haverá maior necessidade de rendimento compatível na floresta, para suportar os cortes que a demanda exige.

Assim, na floresta natural de produção, deve ser observado que:

a) A produtividade da floresta seja compatível por vocação e a produção sustentável;
b) Os cortes sejam planejados por classe de diâmetros ou por percentual de área basal;
c) A distribuição dos diâmetros esteja balanceada;
d) A altura dominante esteja em função da idade e a produção em função da altura dominante;
e) O rendimento seja vertical por unidade de área.

Para maximizar o rendimento das florestas, há a necessidade de:

a) Reduzir os custos de administração das florestas naturais e os de implantação, de administração e de corte das florestas plantadas;
b) Nas florestas plantadas ou de regeneração artificial optar-se por uma rotação curta, em um programa financeiro que assegure rendimento sustentável;

c) Garantir uma taxa rentável, plantando essências florestais de rápido crescimento que possibilitem uma rotação mais curta;

d) Prover o crescimento em diâmetro, diminuir o afilamento e aumentar o rendimento madeireiro aplicando desbaste ou corte seletivo.

Em termos de produção florestal, consideramos para floresta natural o corte seletivo e para floresta plantada o corte de desbaste.

Relacionando a produção com base no extrativismo misto, é possível citar por região as espécies de maior suporte em uso local como: Na Amazônia: açaí, açacu, andiroba, angelim, araçá, bacaba, bacuri, biribá, cacau, cajá, castanha-do-pará e sapucaia, cedro, copaíba, cupuaçu, cutite, freijó, macacaúba, maçaranduba, mari, mogno, mulungu, mururu, murici, palmito, piquiá, uchi e inúmeras espécies para madeira em terras baixa, de encosta e de planalto. Nos Campos: araçá, caju, sapoti, tamarino, umbu. No Cerrado: cagaita, caju, murici, pequi. Mata Atlântica: cedro, jacarandá, tauari. Na região Nordeste, na mata: babaçu, coco e madeiras, e a caatinga é capaz de produzir, de forma esparsa, angelim, angico, cedro, craibeira, cumaru, frei--jorge ou freijó, gonçalo alves, imburana, jatobá, maçaranduba, pau-branco, pau-d'arco, pau-amarelo e pau-roxo, pequiá, sabiá, umbú e virola. Pantanal: – abiu, abiu-cariola, abiurana, acácia, açacurana, açafroa, açaí, acapurana, uchirana. Zona Costeira Marinha: amêndoa, amora, biriba, carambola, carnaúba, coco, jamelão, ingá, sapoti e umbu. Região Sul: bracatinga, canelas, cedros, erva-mate, imbuia, pau-marfim, pinheiro-do-paraná.

Esta citação representa um relance da grande riqueza da flora brasileira que poderá auferir grandes produções artesanais, extrativistas e industriais, e os rendimentos paralelos a essas atividades. Há que considerar que as espécies supracitadas não respondem bem aos plantios sob céu aberto e, dependendo do fim para o qual foram plantadas, não auferirão rendimento em madeira. Devido a isso, as espécies mais empregadas nas regenerações artificiais sob céu aberto são as dos gêneros *Eucalyptus* e *Pinus*, por serem intolerantes e de rápido crescimento, e empregadas com mais reserva as da família *Meliácea*.

Entretanto, propriedades rurais que desejem efetuar regenerações artificiais em diferentes espaçamentos sob cobertura natural, ou em ambientes onde a nebulosidade é por volta de 80%, poderão exercer uma administração central mais fácil na gerência dos plantios.

10 RENDIMENTO DA MADEIRA

Muitos empreendimentos, especialmente os rurais, necessitam de madeiras para emprego na secagem de produtos agrícolas, nas construções civil, naval e rural, na produção de *chips*, de pasta mecânica, de celulose e de papel, na fabricação de lenha e carvão vegetal para energia e redução de minérios, na fabricação de embalagens, de laminados e de compensados, em escoramentos e outras utilidades.

Assim, vê-se que a madeira possui muitos fins empresariais e industriais, e para produzi-la os fatores tempo e terra são de grande importância.

Floresta em crescimento representa formação de valores ou de renda no empreendimento florestal. Assim, o valor do volume de madeira que cresce na floresta anualmente é rendimento. Qualquer volume anual de madeira retirado, por cortes feitos na floresta, representa transformação de haveres, bens, ou riquezas.

A transformação de haveres poderá ser representada em metro cúbico ou em metro estéreo. Um m^3 é igual a 1,4 metro estéreo ou um metro estéreo é igual a 0,714 m^3.

A Tabela 10 resume a estimativa do montante que poderá ser retirado por corte periódico da floresta de regeneração artificial, gerada por mudas advindas de sementes selecionadas ou de clones.

Tabela 10. Rendimento aproximado, por período de corte, com respectivos volume e estéreo produzidos na floresta, por hectare.

Corte	Volumes totais por ha		Período de corte	Totais por ha	
	em m³/ano	estéreo/ano	em anos	em m³	em estéreo
1°	50	70	5	250	350
2°	50	70	5	250	350
3°	44	62	5	220	310
4°	40	56	5	200	280
Totais em 20 anos				920	1.290

Porém, havendo a necessidade de ser estabelecida uma floresta, dentro de um objetivo planejado, para produzir madeiras em menor tempo e menor extensão de terras, há que se considerar o rendimento vertical.

Há rendimento vertical quando ocorre aumento sucessivo de valores na floresta por hectare, por meio do incremento do volume e dos preços da madeira, sem que ocorra aumento na expansão de ocupação da terra.

Com referência a uma árvore que compõe a floresta em crescimento, consideramos dois grupos de valores: um que é o crescimento do volume em m³ e o outro é o crescimento em diâmetro, que faz a árvore mudar para as classes sucessivamente mais altas e de valores sucessivamente maiores. O rendimento vertical, no caso de pequenas áreas rurais, sustenta não somente a produção, como também as necessidades sociais do produtor.

Na área social relacionada com a silvicultura, um crescimento de valores paralelos acontece com a mão de obra.

Assumindo que o rendimento do produtor florestal, da serraria, das indústrias de polpa, de celulose e papel e de outras apresente diversificação, também há que se convir que coloque no mercado diferenciação de terra, trabalho e renda.

Assim, diversificação nos empreendimentos da silvicultura oferece mais possibilidades de geração de área residencial, de trabalho, de renda social, econômica e ambiental sustentáveis. Significa que a diversificação abre espaço ao emprego de mão de obra e valoriza as atuações nas áreas profissionais.

No ambiente rural a mão de obra e o aperfeiçoamento dos interessados representam rendimento à comunidade com a integração humana nos trabalhos de silvicultura e, por consequência, nos serviços mais aprimorados que terão de executar, porque ocorrerá evolução social e impulso no rendimento vertical.

Condições climáticas e de solos e o melhoramento florestal são de grande importância ao rendimento vertical, principalmente na regeneração artificial.

A escolha da espécie apta às condições climáticas é uma decisão importante, seguida da condição de solo, mas o melhoramento genético é decisivo porque, embora possa ser mais dispendioso, gera indivíduos de condições rentáveis nas diversas espécies, em qualquer clima e solo do ambiente.

Qualquer espécie não apresentará sucesso pleno na produção de madeira quando plantada sob céu aberto sem o devido melhoramento genético. No entanto, o melhoramento deve ser programado, pois, como exemplo, a frutificação da castanheira do Brasil na regeneração artificial foi melhorada por técnica genética, mas para a produção de madeira não foi programado; outro exemplo é o do *Eucalyptus camaldulensis* que foi melhorado para não ter seca de ponteira, no cerrado do Estado de Minas Gerais.

Outra observação relativa é da absorção de nitrogênio em excesso pelas árvores, pois, embora o nitrogênio ative o incremento, quando aplicado em excesso prejudica a densidade básica das madeiras, especialmente devido à absorção excessiva de água pelas células, enquanto o melhoramento genético aumenta o incremento do fuste e concomitantemente da densidade básica.

Bom desempenho na biotecnologia atualmente empreende grande progresso no rendimento de celulose de eucalipto, pela introdução de gene de ervilha.

Os gêneros *Eucalyptus* e *Pinus*, além de se constituírem de espécies intolerantes e de rápido incremento, são os mais estudados e pesquisados no país e devido a isso são os que mais rendem nas regenerações artificiais sob céu aberto.

Escolha errônea e tratamento deficiente de espécie em um plantio, além de comprometerem a quantidade de matéria--prima, afetam a qualidade do produto. Talvez por isso é que alguns fatores alteram a resistência da madeira das árvores na floresta, prejudicando a classificação das madeiras e obviamente o rendimento dos fustes, devido ao aparecimento de danos como: afilamento, apodrecimento, bolsa de resina, excesso de umidade, exsudação, galeria de insetos, infiltração de bactérias e de fungos, manchas, nós, rachaduras, torção das fibras, etc.

Alguns desses fatores poderão ser controlados e evitados com técnicas de plantio, de manutenção, de poda, de cortes e de estocagem de madeira.

O espaçamento das mudas no ato do plantio é decisivo para a formação do fuste das árvores. O espaçamento largo inicial ativa o afilamento por causar desproporção entre altura/diâmetro, e aumentar a bifurcação e a desproporção do tamanho da altura da copa em relação à altura total do fuste.

O povoamento em crescimento com espaçamento em ajuste sucessivo, por período de tempo, aumenta o rendimento em função do aumento paulatino da densidade. Mas, se não sofrer desbaste em tempo hábil, terá o rendimento prejudicado face ao desbaste tardio, ou mal calculado, criando densidade não compatível.

Quando o diâmetro à altura do peito se apresenta despro-porcional à altura total do fuste há indicação de má-formação do fuste, ante a disfunção diâmetro × altura. Para acompanhamento há o controle, que poderá ser efetuado por estimativa do fator de forma médio, pelo volume médio do povoamento ou por meio de equações ajustadas.

Entretanto, fustes bem formados ao serem baldeados e trabalhados poderão sofrer alterações ou danos prejudiciais, que declinam o valor do produto.

Mas, considerando o emprego da madeira como material utilitário, a conservação dependerá de tratamento preservativo. Madeiras em toras ou já trabalhadas devem ser tratadas de acordo com a necessidade de uso. O objetivo de muitos tratamentos é para prevenir ataques de bactérias, de fungos, de insetos e de predadores aquáticos e também as rachaduras, assegurando rendimento. Há também tratamentos preventivos às deformações das madeiras.

Muitas espécies produtoras de madeiras como o acapu (*Vouacapoua americana* Aubl.), açacu (*Hura crepitans* L.), andiroba (*Carapa guianensis* Aubl.), angico (*Anadenanthera* sp. e *Piptadenia* sp.), braúna (*Melanoxylon brauna* Schott.), cedro (*Cedrela odorata* L.), ipê (*Tabebuia* sp.), mogno (*Swietenia macrophylla* King.), pau-rosa (*Aniba rosaeodora* Ducke), etc. têm resistência natural à influência de muitos fatores ou aos ataques de micro-organismos. Entretanto, as mais susceptíveis como angelim (*Dinizia excelsa* Ducke), cupiúba (*Goupia glabra* Aubl.), macacaúba (*Platymiscium duckei* Huber) e maçaranduba (*Manilkara huberi* (Ducke) Chevalier) devem ser protegidas com aplicação de substâncias de preservação específicas.

No que se refere ao uso, o grau de eficiência da proteção da madeira depende do produto e da técnica de aplicação, porque os produtos químicos têm composição e efeito residual variáveis. As condições das madeiras e do ambiente, no momento da aplicação do produto, exercem influências no efeito residual.

Mesmo entre árvores de mesma espécie pode haver diferença no efeito. Em uma árvore a absorção do produto pelo alburno pode diferir da absorção pelo cerne, e para que o efeito ocorra por longo prazo, a penetração e retenção na madeira deverão ser eficientes pela aplicação de preservativo químico e de método de tratamento específico.

O setor florestal brasileiro contribui com cerca de 4% do PIB nacional e com aproximadamente 8% das exportações nacionais, apresentando eficiência na balança de negócios, com superávit de quase US$ 3 bilhões, mas tal participação recai na produção das florestas naturais.

A área plantada no Brasil, especialmente com eucalipto e pinos, cresce 500 mil hectares ano, mas a demanda necessita de 700 mil hectares ano de área plantada.

Essa produção atual, se for duplicada, atenderá o mercado interno, o preço por metro cúbico e as importações diminuirão e o país aumentará as exportações, que atingirão valores entre R$ 13 milhões e R$ 15 milhões.

O país participa com 3% ao ano das exportações globais e, se comparadas às exportações do Canadá, que participa com 16%, chegando em 2004 à cifra de US$ 24 bilhões, a contribuição atual brasileira é ínfima.

De aproximadamente 500 milhões de hectares de cobertura florestal disponível, apenas 5,5 milhões representam plantações, efetuadas em maior escala nos estados de São Paulo, Minas Gerais, Bahia e Espírito Santo.

Quanto ao Distrito Federal, que abrange 5.814 km^2 de extensão territorial em um raio de 50 a 120 km em torno de Brasília, o desenvolvimento rural já está em destaque, incluindo empresas agropecuárias produtoras de grãos bastante consistentes e o aumento do consumo de madeiras.

Produções hortigranjeiras e zootécnicas de curto prazo poderão consumir bastante energia advinda da madeira. A longo prazo as múltiplas aplicações, uso e procura das madeiras, nos diversos setores do Distrito Federal, serão muito altas e exigirão uma boa infraestrutura florestal para manter a demanda equilibrada.

10.1. O CÁLCULO DO RENDIMENTO

Após o plantio, as mudas ultrapassam os estágios de varas, árvores jovens e adultas. Na passagem da fase de árvore jovem para a adulta, há o monitoramento do incremento. Tal controle poderá ser acompanhado por uma tabela de incremento semelhante à que segue.

Comparação do incremento pela relação do diâmetro à altura do peito e altura total – DAP/H é seguida pela Tabela 11, abaixo.

Tabela 11. Incremento em metro cúbico, por árvore média, de fator de forma 0,72, por classe de DAP em função da H correspondente.

Valor do DAP	Valor da altura em metro				Volume por árvore
Em metro	10	11	12	13	m³
0,10	0,05655	–	–	–	0,05655
0,11	–	0,07527	–	–	0,07527
0,12	–	–	0,09772	–	0,09772
0,13	–	–	–	0,12424	0,12424
Volume por árvore	0,05655	0,07527	0,09772	0,12424	–

Pelo visto, à medida que as árvores crescem, há incremento em diâmetro e em altura e consequentemente em volume, conforme se constata no resumo da tabela de volume acima. Havendo equilíbrio DAP/H, o Ff (Fator de forma) estará em torno de 0,75 e, ao ser atingido o espaçamento entre árvores, ficará normalizado. Há que se considerar que o espaçamento entre árvores, a idade e a época de corte provocam diferenciação favorável no sortimento das madeiras.

Na diagonal da Tabela 11 há os valores dos volumes, repetidos na última coluna e na linha base. Como se vê em seguida, uma árvore com 10 cm de DAP, 10 m de H e fator de forma

0,72 terá 0,05655 m³, outra com 11 cm de diâmetro e 11 m de altura como mesmo fator de forma apresentará 0,07527 m³ de volume, e assim respectivamente para os valores das outras duas árvores médias.

Acompanhando a referida diagonal, bem como a coluna e a linha base, a diferença entre o primeiro e o segundo incremento é 75%, entre o segundo e o terceiro é 77% e entre o terceiro e o quarto é 78%, que atesta no caso um incremento sucessivo, porém, não exponencial. Mas, com uma técnica bem aplicada, o plantio poderá se converter de incremento aritmético para incremento na forma exponencial.

Em seguida, multiplicando os valores das diagonais pelos números de árvores por hectare e por espaçamento, teremos:

Para a linha do espaçamento 3 × 1:
- 0,05655 × 3.333,33 = 188,50
- 0,07527 × 3.333,33 = 250,90
- 0,09772 × 3.333,33 = 325,74

Para a linha do espaçamento 2 × 2:
- 0,05655 × 2.500,00 = 141,38
- 0,07527 × 2.500,00 = 188,18
- 0,09772 × 2.500,00 = 244,30

Para a linha do espaçamento 3 × 2:
- 0,05655 × 1.666,66 = 94,25
- 0,07527 × 1.666,66 = 125,45
- 0,09772 × 1.666,66 = 162,87

Dos resultados dos produtos é composta a Tabela 12, que registra os volumes em metro cúbico por espaçamento e por hectare.

Tabela 12. Cálculo dos incrementos dos volumes em metro cúbico
por classe de DAP e H por espaçamento e por hectare.

Espaçamento	N° de Árvores	m³	m³	m³	Média
3 × 1	3.333,33	188,50	250,90	325,74	255,04
2 × 2	2.500,00	141,38	188,18	244,30	191,30
3 × 2	1.666,66	94,25	125,45	162,87	127,52
Médias	2.500,00	141,38	188,18	244,30	—

Pela Tabela 12 comprova-se que em cada espaçamento o volume cresce horizontalmente devido ao aumento no incremento das árvores, e diminui verticalmente à medida que o espaçamento aumenta porque o número de árvores se torna sucessivamente menor, assim, do espaçamento 3 × 1 para 2 × 2 a diferença é 75,00%, e do espaçamento 2 × 2 para o 3 × 2 é 66,65%. Em qualquer espaçamento, comparando numericamente os valores verticais e horizontais, a tendência é o volume crescer sucessivamente.

Entretanto, multiplicando cada valor do volume em cada linha pelo número de hectares correspondente a cada espaçamento, comporemos a Tabela 13. Por exemplo, 188,50 × 15 = 2.827,50, primeiro número da coluna 1, na linha abaixo há 141,38 × 15 = 2.120,70, no segundo número da mesma coluna e na terceira linha o início é 94,25 × 20 = 1.885,00, que é o terceiro número da coluna e, assim, sucessivamente para as colunas 2 e 3.

Tabela 13. Número de hectare e volumes, com base no espaçamento,
número de árvores e volumes em m³ da Tabela 12.

Hectare	Volume total em metro cúbico			
	(1)	(2)	(3)	Total
15	2.827,50	3.763,50	4.886,10	11.477,10
15	2.120,70	2.822,70	3.664,50	8.607,90
20	1.885,00	2.509,00	3.257,40	7.651,40
Σ	6.833,00	9.095,20	11.808,00	27.736,40

A Tabela 13 mostra os totais em m³ por espaçamento e indica que o espaçamento 3,0 m × 1,0 m, com 15 ha, favorece mais o incremento em volume de madeira, se comparado com o espaçamento 3,0 m × 2,0 m, de 20 hectares, que favorece menos.

A confirmação está apenas nos números, pois, apesar do plantio no espaçamento maior ocupar uma área maior em hectare, o número de árvores dos 20 hectares é menor. Na realidade no plantio com espaçamento inicial, uma maior fisiologia das atividades das árvores favorece mais o incremento da copa e das raízes em detrimento do incremento do fuste e, neste caso, o da Tabela 13, há somente uma prova numérica que serve apenas como parâmetro para revelar as diferenças no acompanhamento das medições de campo.

Entretanto, o maior rendimento do fuste é sempre do espaçamento menor, pelo menos até a época do primeiro desbaste.

Pelo efeito de desbaste, o incremento das árvores remanescentes é maior em virtude de as árvores individualmente absorverem mais os elementos de crescimento, devido ao aumento proporcional e progressivo do espaçamento entre árvores.

Já foi mencionado que no rendimento da empresa existem o lucro e o valor interno da produção.

O valor interno da produção depende do valor do sortimento dos produtos das madeiras desdobradas. A Tabela 14 oferece alguns valores de mercado para diversos produtos em oferta.

Tabela 14. Valores por produto e bitola das madeiras de eucalipto no comércio madeireiro em R$.

Bitola (diâmetro em cm)	Valor da madeira desdobrada em R$			
	Lenha em m³	Tora em m³	Serrada em m²	Poste
Menos de 15 cm	25	30	–	–
De 15 a 30 cm	30	40	–	–
Mais de 30 cm	–	–	1.700	–
Com 12 m de altura	–	–	1.800	635

Fonte: SI – Floresta.

Quanto maior o incremento das árvores no povoamento, maior é a diversificação dos produtos e maior a formação de valores. Cada formação de valores compõe a renda ou o rendimento da regeneração florestal. Tudo porque na floresta, após cada corte, o número de árvores diminui e o porte aumenta, alterando a bitola e os valores do sortimento.

A diferenciação nas bitolas das madeiras amplia o sortimento, e consequentemente a oferta no mercado. No mercado a medição poderá ser em m^3, estéreo ou tonelada. Devido ao metro cúbico, seguido do metro estéreo, ser mais usual, convém atentar para a conversão que segue:

$$1,0 \ m^3 = 560 \ kg$$
$$1,78 \ m^3 = 1 \ t$$
$$1 \ st = 400 \ kg$$
$$2,5 \ st = 1 \ t$$

No comércio de lenha é mais comum a medição em estéreo, devido à praticidade de empilhamento e à exatidão de cálculo, e no caso de celulose e papel é melhor converter, m^3 ou estéreo, em tonelada, por causa da economia de transporte.

Quando as árvores estão crescendo na floresta, estarão acumulando volume de madeira anualmente. Assim, o rendimento pode ser o volume que cresce anualmente na floresta e o valor, que gere lucro, do volume posto à venda no mercado.

Do volume das árvores em pé na floresta são compostos índices de rendimento que sirvam de parâmetro na empresa. A partir dos dados da Tabela 12 são compostos os da Tabela 15. Pelas razões $250,90 \div 188,50 = 1,33$; $325,74 \div 250,90 = 1,30$ e $325,74 \div 188,50 = 1,73$, são formados índices de acompanhamento.

Tabela 15. Índice de rendimento em volume por hectare, entre as classes, em qualquer um dos três espaçamentos.

Volumes em m³			
Por espaçamento	188,50	250,90	325,74
188,50	–	1,33	1,73
250,90	1,33	–	1,30
325,74	1,73	1,30	–

Os índices mostram as diferenças em volumes em m³ entre espaçamentos. Por comparação, 2, 0 m × 2,0 m é 33% maior que o de 3,0 m × 1,0 m, e o espaçamento 3,0 m × 2,0 m é 30% maior que o espaçamento 2,0 m × 2,0 m, e o espaçamento 3,0 m × 2,0 m é 73% maior em volume do que o 3,0 m × 1,0 m.

Como é possível observar a regeneração artificial tecnicamente conduzida apresenta o incremento em altura (H) proporcional ao do diâmetro à altura do peito (DAP). Este raciocínio procede porque, quando o espaçamento se inicia estreito a altura vai se desenvolvendo proporcionalmente mais do que o incremento em diâmetro até que seja efetuado o desbaste regulador, e em espaçamento largo ocorre o inverso. Em qualquer dos casos, o valor do fator de forma (Ff) vai se alterando conforme a mudança na proporcionalidade (H/DAP).

No espaçamento inicialmente ajustado no ato do plantio ou em seguida por meio de poda e por desbaste bem planejado, o fator de forma se aproxima de 1,0, maximizando o volume do fuste e aumentando o rendimento do povoamento. Assim, fator de forma próximo de 0,5 demonstra muito afilamento, que irá diminuindo à medida que o fator se aproxime de 1,0.

Em silvicultura extensiva a estimativa do rendimento é diversificada porque cobre poucos hectares por propriedade, e o volume médio é calculado pela medição variada das árvores selecionadas ao acaso.

O diâmetro, ou comumente o DAP de árvore é medido diretamente com calibre ou fita de diâmetro e também medido indiretamente com fita métrica, que oferece valor em CAP.

Para converter CAP em DAP, temos o exemplo que segue:

1. Foram medidas as circunferências das árvores de um plantio de *Eucalyptus grandis*, com fita métrica, e a árvore média calculada apresentou 35 centímetros de circunferência à altura do peito. Qual é o seu valor em diâmetro à altura do peito?
   CAP = 35 cm
   DAP = 0,35 m ÷ 3,1416 = 0,11 m ou
   (1 ÷ 3,1416) × 0,35 m = 0,3183 × 0,35 m = 0,11 m ou 11,14 cm .
   Pelo cálculo, DAP = 11,14 cm ou 0,11 m.

Mas é possível calcular o volume individual, árvore por árvore, usando diretamente o CAP conforme o exemplo abaixo:

2. Calcular o volume de uma árvore média com 15,00 m de altura, 47,00 cm de CAP e um fator de forma de 0,72.
   Sendo:
   H = 15,00 m;
   CAP = 47,00 cm; e
   Ff = 0,72.
   Teremos então:
   DAP = CAP/3,1416 = 47,00 cm /3,1426 = 14,96 cm ou 0,15 m;
   Vol. = 0,7854 × (0,15 m)^2 × 15,00 m × 0,72 = 0,19 m^3.
   Logo, o volume da árvore média é 0,19 m^3.

Entretanto, se o interesse for volume por unidade de área, há o exemplo a seguir:

3. Em uma propriedade a área plantada é de 24,00 hectares, e, após desbastes anteriores, foi medida a plantação rema-

nescente formada de 235 árvores por hectare de eucalipto que apresentou os seguintes dados médios/ha.

H = 16,30 m;

CAP = 50,26 cm;

Ff = 0,72; e

N° de árv./ha = 235.

Calcular o volume total em metros cúbicos por hectare.

DAP = 0,5026 m/3,1416 = 15,998 cm ou 0,16 m.

Vol. méd. = 0,7854 × $(0,16)^2$ × 16,30 m × 0,72;

Vol. méd. = 0,7854 × 0,0256 × 16,30 m × 0,72 = 0,24 m^3;

Vol. total = 0,24 m^3 × 235 = 55,50 m^3/ha;

Volume total = 55,50 m^3 × 24 ha = 1.332,00 m^3.

Então, o volume total calculado das árvores remanescentes, nos 24 hectares, é de 1.332,00 m^3.

4. Sendo o valor do m^3 em torno de R$ 35,00, qual o valor total da plantação?

Considerando 1.332,00 m^3 ×R$ 35,00 = R$ 46.620,00.

R$ 46.620,00 é o valor do volume total do plantio de 24 hectares da propriedade.

10.2. A AVALIAÇÃO DO RENDIMENTO

O objetivo da regeneração artificial, seja por meio de florestamento, reflorestamento e com plantios consorciados ou em grupo, é a produção, que gere oferta de produtos. Para que haja consumo do produto, há necessidade da procura no mercado.

Desse raciocínio, há o resumo:

> Produção = oferta e
> Procura = consumo
> Oferta + procura = Mercado

O custo da regeneração artificial satisfaz o princípio econômico quando atende a expressão:

> P = princípio ou lei econômica;
> Re = resultado;
> Co = custo.
> Nessa forma:
> P = Re ÷ Co = Êxito ou máximo em objetivo.

Considerando os preceitos acima citados, é possível estimar o êxito relacionando R$ 46.620,00 (do problema 4 anterior) com o valor do custo de implantação das 235 árvores. Para calcular o custo das 235 árvores:

235 ÷ 2500 = 0,094 ha.

Para o total, 0,094 × 24,00 = 2,26.

Multiplicando 2,26 por R$ 4.000,00 (valor visto na Tabela 7), teremos o custo de implantação das 235 árvores por hectare, que é R$ 9.024,00 na época da implantação.

Assim:
Re = R$ 46.620,00;
Co = R$ 9.024,00.

Ficando:
P = 5,16.

Somente com essas árvores remanescentes já houve êxito. Deve-se entender que já houve retorno, não computados aqui os desbastes anteriores.

A conclusão é que o valor das árvores em pé por hectare, mesmo antes do primeiro desbaste, sendo igual ao custo de implantação, acusa o empreendimento com êxito. A certeza do êxito é quando o incremento corrente do plantio já adulto assegura retorno monetário pelos produtos dos desbastes.

Entretanto, o êxito é aumentado quando há sucessivos desbastes e incremento em volume concomitante à regulagem periódica da densidade por hectare.

O ponto ótimo do êxito atinge o máximo, em qualquer local do gradiente florestal, quando a altura dominante (H$_{DOM}$) está em função da idade (Id) do povoamento e a produção (P) em função da altura dominante (H$_{DOM}$). Desse modo, teremos as seguintes funções representativas:

$$H_{DOM} \int Id$$

e

$$P \int H_{DOM}$$

Normalmente, quando o número de árvores por hectare diminui por efeito de desbaste, estas funções ficam mais ajustadas.

Para a regulagem da densidade do povoamento há programação e execução de desbastes, e para florestas naturais há programação e execução de cortes por classe de diâmetros.

Convém atentar para o fato de o princípio econômico ou do êxito da produção ficar comprometido quando é executado corte raso, em detrimento do desbaste ou de cortes projetados, uma vez que o programa de corte raso geralmente provoca perda pelo desperdício de volume, e em seguida pela eliminação do povoamento feita pelo corte total das árvores e interrupção do volume em crescimento.

Em florestas naturais o plano de corte segue o incremento da produção (P) por classe de diâmetro (Cl θ), no intuito de manter a normalidade da floresta. Neste caso, a função para exploração de floresta natural é P $\int$ Cl θ.

Por tudo isso, convém considerar que o objetivo da silvicultura é gerar produtos e sustentar a produção, para auferir rendimento. Silvicultura extensiva, bem como a intensiva, quando engloba grande número de proprietários ou grandes propriedades torna o rendimento complexo ao ponto de passar para o âmbito técnico do manejo florestal.

O âmbito técnico florestal mais avançado abrange os seguintes objetivos:

a) Da silvicultura é promover a produção;

b) Da economia florestal é gerar e sustentar o rendimento da produção;

c) Do ordenamento é ordenar, viabilizar e maximizar o conjunto de planos de manejo elaborados; e

d) Do manejo florestal é ajustar a superposição hierárquica das curvas de produção dos planos, em harmonia com os períodos de tempo. Há a considerar uma curva baixa e uma alta que compõem o intervalo permissível aos cortes e uma curva mediana normalizada que se move com base no número de árvores a cortar por classe de diâmetro. A congruência das curvas é periódica, e o período está relacionado com o volume a cortar e com o tempo de reposição ou retorno ao volume ideal pelo incremento das árvores das espécies no intervalo. A flexibilidade no intervalo dos cortes, representada pela descida e elevação da curva mediana dos cortes periódicos, é quem garante ao manejo a sua sequência sustentável.

11 PLANEJAMENTO

Planejamento é o conjunto de atos para organizar, com técnicas e estratégias, as ações de um programa com projetos ao nível temporal, que atinja o objetivo na silvicultura.

Em geral o objetivo é o rendimento, pois, no planejamento anual ou para períodos mais longos há necessidade da existência de dados sobre gastos e previsão de retornos.

Mas o objetivo poderá ser o alvo, a meta, o propósito, o resultado ou o produto final do planejamento, como: regenerar uma floresta para produzir celulose ou lenha, ou tábua. Pode ser dividido em atual, básico, específico e permanente.

Pelo planejamento é possível realizar operação de viveiro, de transporte de insumos, de plantio, de exploração florestal e de implantação de atividades florestais em qualquer extensão, porque durante a execução do planejamento os planos e projetos poderão ser revistos e aperfeiçoados a tempo, especialmente com o auxílio da informática.

Estratégias são as ideias apoiadas em conhecimento técnico, o que possibilitará o alcance do objetivo planejado. É um meio que possibilita a reavaliação do processo, evitando que o plano se torne obsoleto ou até inviável. Por exemplo, se um viveiro foi planejado para produzir um milhão de mudas de pinos, embaladas em sacos plásticos, mas a área só permite produzir a metade porque o estoque das embalagens ocupará muito espaço, a estratégia para produzir o número planejado de mudas é usar tubetes em bandejas, que permitem superposição.

Programa é o conjunto ordenado de ações, inter-relacionadas em diversos níveis, com o fim de atingir o objetivo nos escalões nacional, regional, estadual e empresarial. Em qualquer programa as ações dependem de cooperação e de relação entre os níveis superiores para que tenha maior possibilidade de êxito, especialmente na execução. Há a considerar que cada programa envolve certas características com critérios próprios fundamentais.

Projeto é o conjunto de atividades e de recursos, conduzidos por técnicas específicas de silvicultura, em direção ao objetivo estabelecido, que pode ser para montagem de viveiro, produção de mudas e plantio.

No conjunto é possível detectar que planejamento é uma sequência de análise da situação, de decisão, de ação e de crítica ou avaliação.

Como qualquer planejamento visa alcançar com sucesso um ou mais de um objetivo, há a necessidade de ser avaliado com critério dentro de sua amplitude de curto, médio e de longo prazo.

11.1. PLANEJAMENTO A CURTO PRAZO

O planejamento a curto prazo ou anual é formado pela programação dos trabalhos e pelos planos de execução e de custos.

Na programação dos trabalhos a curto prazo, a base dos trabalhos anuais é o programa principal da empresa. Na empresa em formação o plano principal é o reflorestamento, e na empresa já formada o plano principal é de corte. Tópicos que são incluídos no plano de reflorestamento foram considerados no capítulo sete. O plano de corte recai sobre dois programas: o de corte sanitário e o de corte comercial.

Corte sanitário visa mais ao tratamento da floresta, embora o material extraído possa ser vendável. O material de interesse neste plano de corte sanitário são as árvores quebradas, doentes e queimadas, para liberação da regeneração jovem, e os cortes de separação de talhões e de abertura de faixa de segurança contra incêndios.

O corte comercial é a operação de derrubadas de materiais de venda para serraria, para construção, para fabricação de carvão e celulose, de postes e outros.

Após a programação de corte serão elaborados os planos de plantação, do traçado de estradas, de proteção florestal, de conservação, etc.

O plano de execução procura determinar os métodos a serem considerados para o cumprimento do programa. Na plantação será incluída a preparação de terreno, que envolve derrubadas, destocamento, aração, demarcação do espaçamento, semeadura ou plantio de mudas, combate às pragas, etc.

No plano de custo de execução estão incluídos custos de mão de obra, de máquinas, de material e de terceiros.

11.2. PLANEJAMENTO A MÉDIO PRAZO

Nesse planejamento há a programação de regeneração artificial ou por enriquecimento, de cortes sucessivos para florestas naturais e de regeneração por brotação e dos desbastes, programados para as florestas em crescimento.

11.3. PLANEJAMENTO A LONGO PRAZO

Trata-se do planejamento que abrange um período de cinco ou mais anos, porque envolve regeneração em diversas áreas, para qualquer programa de grande extensão. Em relação à extensão, o planejamento divide-se em nacional, regional, estadual, municipal e empresarial. Na realidade segue um programa de ordenamento florestal, cujos detalhes estão fora do âmbito da silvicultura, que abrange diversos projetos direcionados para o controle do manejo florestal.

Quando o planejamento é efetuado para abranger qualquer extensão de áreas de uma empresa, as regenerações poderão ser programadas para receberem diversos métodos de corte. Os cortes representam atividades produtivas da empresa, que a longo prazo gera rendimentos, ao se apresentarem maiores que os custos de regeneração, comprovados pelos gastos e receitas.

Para a empresa será planejada a divisão da área total em distrito, em tipo florestal e em talhões, que para tal será executado o inventário florestal. Daí é que serão programadas as alterações, visando aos ajustes e melhorias dos projetos ou dos métodos previstos, no intuito de ordenar o planejamento geral.

Delimitados os índices de sítio, será possível ao técnico manter ou melhorar a capacidade produtiva dos solos, das regenerações e dos cortes por divisão de área, assegurando a produção sustentável.

O ponto ótimo do desenvolvimento sustentável será atingido quando a altura dominante estiver em função da idade e a produção em função da altura dominante, em cada talhão. Para cada tipo florestal natural, o ponto ótimo será atingido quando a curva de distribuição dos diâmetros estiver balanceada e a produção estiver em função das classes de diâmetro.

Nesse estágio a empresa já terá completado o manejo florestal da seguinte forma: a silvicultura estará gerando produtos e sustentando cada produção; a economia estará gerando rendimento e o sustentando; e o ordenamento estará sendo capaz de ordenar os planos, viabilizando e maximizando o conjunto total de planos do manejo.

11.3.1. Planejamento individual

Neste há o plano separado para cada talhão, onde as variáveis medidas possibilitarão estimativa do incremento anual, do volume a ser cortado, da densidade da rede de estradas necessárias à baldeação, das áreas de corte anual, área de regeneração anual, ajuste pormenorizado nos sistemas de prevenção e de proteção de riscos, tipos de cortes e de desbastes mais rentáveis e distribuição das unidades de proteção e de rendimento.

11.3.2. Planejamento geral

Esse planejamento é complementar porque considera a empresa inteira sob o ponto de vista da produção sustentável das florestas. Seu encargo é a avaliação do volume de produto disponível que garanta o corte anual sem prejuízo do incremento do estoque remanescente nem das necessidades da empresa. É aí que será empreendido o monitoramento que sustentará os compromissos da empresa e assegurará a programação financeira.

11.3.3. Planejamento financeiro

O planejamento financeiro florestal, para ser aprovado, deverá estar ajustado ao plano financeiro da empresa, pois os elementos das informações contábeis e financeiras geram eficiência na inclusão do plano florestal no geral da empresa.

A iniciativa é fundamental para o controle das atividades econômicas e para a avaliação do desempenho dos que efetuam a gestão dos recursos da empresa.

Na elaboração do plano financeiro haverá inclusão das horas de trabalho, produção em metro cúbico, áreas em metro quadrado, toneladas, rendimentos bruto e líquido, incremento em diâmetro e altura das árvores e preços de produção das madeiras aos níveis dos talhões, dos produtos no varejo, por atacado, e também os valores dos terrenos das áreas de produção e os custos da maquinaria envolvida.

Normalmente a programação financeira é anual, para chegar à maior garantia de valores sem defasagens. Ainda assim surgem necessidades de grandes observações para os trabalhos que se alternam nos planos anuais, como os de limpezas das plantações, tratos culturais, reparos de estradas, controle de erosões, combate às pragas e aos incêndios, que não têm prazos fixos.

Convém considerar que, para pequenas e médias propriedades florestais, o planejamento a curto prazo já é suficiente para inserir o princípio da produção no desenvolvimento florestal sustentável. Entretanto, para empresas grandes, em complexos industriais e nos vários níveis de governos, o mais recomendável nas gestões é o planejamento a longo prazo.

Sob o ponto de vista da economia florestal, a gestão financeira em silvicultura busca inserir equilíbrio entre a oferta, a procura, a produção, a distribuição e o consumo dos bens gerados nas florestas.

A gestão utilizando práticas compatíveis com as necessidades dos empreendimentos oferece equilíbrio entre práticas formais com as informais. Práticas informais propiciam um conjunto aberto que estimula de forma descontraída a iniciativa, a criação e o compartilhamento administrativo.

A eficiência na gestão visa ao êxito econômico nas atividades da silvicultura, considerando rendimento da terra, do capital e da mão de obra, concomitante com o gênero de produção e a responsabilidade executiva nas propriedades.

O *objetivo* no âmbito da gestão administrativa nas propriedades, considerando o *resultado* e o *custo*, satisfaz quando atende a expressão.

Assim, o objetivo do empreendimento é alcançado quando:

> Produção = oferta
> e a
> Procura = consumo
> ou
> Oferta + procura = Mercado

Quando o empreendedor, usando os recursos disponíveis ou os bens produtivos, consegue maximizar resultado pelo menor custo possível, seguiu o que foi planejado, calculou, ponderou e deliberou as possibilidades de atingir este máximo em resultado.

Tais possibilidades ficam facilitadas com um demonstrativo que deverá relacionar dados sobre área e custos de produção, tipo e quantidade de produto, preços do produto ao nível do produtor, a varejo e por atacado, consumo, transporte, população consumidora, mercado e política de preços.

Para regeneração artificial ou nos plantios florestais, usando recursos disponíveis ou os bens produtivos a curto prazo, a empresa consegue um resultado máximo pelo menor custo possível quando calcula, pondera, delibera sobre as possibilidades de atingir o máximo em resultado.

Regeneração artificial é um dos fatores da produção porque envolve terreno, trabalho e capital combinados, constituindo uma vestimenta ou um revestimento produtor da empresa, dentro de um determinado prazo, aprimorado para o investimento, com aplicação ou emprego de capital. Representa o ato ou efeito de investir em estoque de produto madeireiro, com aplicações em dinheiro.

Aqui o investimento é elemento da transição da forma do capital em dinheiro para instalações de bomba de água, de redes da água e de luz, de gastos com aquisição de máquinas, de imóveis e em fatores da produção como conservação de solo, construções, manutenção paisagística, formação de mudas, preparo do terreno, plantações, transportes de insumos e em produtos e manutenção da produção.

Para o bom desempenho de qualquer investimento há necessidade de se preparar e seguir a contento uma programação financeira. A *plantação definitiva* constitui um dos investimentos mais dispendiosos e importantes para a formação de uma floresta.

Este é o grande risco do dinheiro no tempo, porque havendo erros cometidos ao longo das tarefas de estabelecimento, de manutenção, de extração e de comercialização dos produtos da floresta poderão surgir prejuízos em dinheiro e também, de grande importância a se considerar, o tempo irremediavelmente perdido.

BIBLIOGRAFIA CONSULTADA

1. BIGING, G. S. & DOBBERTIN, M. A. A comparison of distance, dependent competition measures for height and basal area growth of individual conifer trees. *Forest Science*, v. 38, n. 3, 1992, pp. 695-720.

2. BSCS. *Biologia*. São Paulo: EDART – Livraria Editora, v. 1, 1978. 256 p.

3. CAMARGOS, J. A. A.; CZARNESKI, C. M.; MEGUERDITCHIAN, I. & OLIVEIRA, D. de. *Catálogo de árvores do Brasil*. Brasília: IBAMA. LPF, 1996. 888 p.

4. CAMPOS, J. C. C.; RIBEIRO, J. C.; COUTO, L. C. Emprego da distribuição diamétrica na determinação da intensidade de corte em matas naturais submetidas ao sistema de seleção. *Revista Árvore*, Viçosa, v. 7, n. 2, 1983, pp. 111-122.

5. CANTO, A. do C.; SILVA, S. E. L. da; NEVES, E. J. M. Sistemas agroflorestais na Amazônia Ocidental: aspectos técnicos e econômicos. In: *Encontro Brasileiro de Economia e Planejamento*, 2, Curitiba: EMBRAPA-CNPF, 1992, v. 1, pp. 23-36.

6. CAMINO, R. de. *El sector forestal en las economias de los paises em desarrollo*. Turrialba: CATIE, 1986. 19 p.

7. CASAROTTO FILHO, N. & PIRES, L. H. *Redes de Pequenas e Médias Empresas e Desenvolvimento Local:* estratégias para a conquista da competitividade global com base na experiência italiana. São Paulo: Atlas, 1998. 148 p.

8. COUTO, E. A.; CÂNDIDO, J. F. *Incêndios Florestais.* Viçosa: UFV, 1992. 101 p.

9. FLOR, H. de M. *Florestas Tropicais:* como intervir sem devastar. São Paulo: Ícone Ed., 1985. 180 p.

10. GUIMARÃES. R. M. *Fisiologia de Sementes.* Lavras: UFLA/FAEPE, 1999. 79 p.

11. HICKMAN, C. A.; JACKSON, B. D. Economic impacts of controlling soil loss from silvicultural activities in East Texas. *Forest Science.* v. 25, 1979, pp. 627-640.

12. HIGA, R. C. V.; MORA, A. L. & HIGA, A. R. *Plantio de eucalipto na pequena propriedade rural.* Colombo: EMBRAPA – Florestas, 2000. 31 p. Documentos, 54.

13. KENDRICK, R. E.; FRANKLAND, B. *Fitocromo e Crescimento Vegetal.* Trad. Gil Martins Felippe. São Paulo: EPU: Ed. da USP, 1981. 376 p.

14. LORENZI, H. *Árvores brasileiras*: manual de identificação e cultivo de plantas arbóreas do Brasil, vol. 2. 2ª ed. Nova Odessa: Instituto Plantarum, 2002. 384 p.

15. MANO, C. Admirável mundo novo. *Exame.* Nº 19, Ed. 775, pp. 10-13. 2002.

16. MONTAGNINI, F. *Sistemas agro-forestales:* principios y aplicaciones en los trópicos. 2. Ed. Rev. Y Aument. San José, C. R.: Organización para Estudios Tropicales. 1992. 622 p.

17. NASCIMENTO, P. R. & PEDREIRA, L. O. de L. Economia Florestal do Estado do Rio de janeiro: Análise e Propostas. *Encontro Brasileiro de Economia e Planejamento Florestal*, 2., 1991, Curitiba: Anais. Colombo: EMBRAPA – CNPF, 1992. pp. 121-139.

18. ODUM, E. P. *Ecologia.* Trad. K. G. HELL. São Paulo: Livraria Pioneira Editora: Editora da USP, 1969. 201 p.

19. PAIVA, H. N. de GOMES, J. M. *Viveiros Florestais*. 2ª Ed. Viçosa: UFV, 2000. 69 p. Cadernos Didáticos, 72.

20. RIZZINI, C. T. *Tratado de Fitogeografia do Brasil*. 2ª Ed. Rio de Janeiro: Âmbito Cultural Edições, 1997. 747 p.

21. SMITH, H. *Phytochrome and Photomorphogenesis*. An Introduction to the Photocontrol of Plant Development. UK: McGraw-Hill Book Company, 1975. 235 p.

22. SMITH, N.; DUBOIS, J.; CURRENT, D,; LUTZ, E.; CLEMENT, C. *Agroforestry Experiences in the Brazilian Amazon:* Constraints and Opportunities. Brasília: The Pilot Program to Conserve the Brazilian Rain Forest, 1998. 67 p.

23. SOARES, R. V. *Proteção Florestal*. 2ª ed. Curitiba: UFPR, 1971. 175 p.

24. SOARES, R. V. *The Use of Prescribed Fire in Forest Management in the State of Paraná, Brazil*. U.S.A.: Washington Univ., Tese de doutorado. 1977. 205 p.

25. SOUZA, J. C. de. *Manual Prático de Normas Reguladoras de Qualidade das Madeiras de Pinho no Mercado Nacional*. São Paulo: Associação Brasileira dos Produtores de Madeira.

26. TEREZO, E. F. de M.; ZENID, G. J.; NAHUZ, M. A. R. *Normas para Medição e Classificação de Toras de Madeiras de Folhosas*. Brasília: IBDF, 1984. 42 p.

27. YAMAZOE, G.; VILAS BOAS, O. *Manual de pequenos viveiros florestais*. São Paulo: Páginas e Letras Editora e Gráfica, 2003. 120 p.

O AUTOR

Hildebrando de Miranda Flor é engenheiro florestal graduado pela Escola de Florestas da Universidade Federal do Paraná em 1964, onde concluiu mestrado em silvicultura em 1977 e doutorado em manejo florestal em 1993.

No exercício profissional teve a seguinte atuação: – De 1965 a 68 trabalhou na SUDENE. – De 1968 a 75 trabalhou na Fundação Zoobotânica do DF. – De 1975 a 77 foi professor na Fundação Universidade de Brasília. – Em 1978 foi chefe da seção técnica da FLONIBRA em Vitória-ES e em 1979 foi assessor técnico do Instituto Estadual de Florestas do Estado do Espírito Santo. – Em 1980 retornou para a Universidade de Brasília, onde em 1993 aposentou-se como professor adjunto. – Em 1993 e 1994 esteve como professor visitante na UnB. Recebeu medalhas do mérito de Associações, do CONFEA, de Federações e de Sindicatos e das Forças Armadas. – Em 1995 promoveu o 8º Encontro Brasileiro de Engenharia Florestal, em Brasília DF. – Em 1995/96 foi consultor no PNUD/PLANAFLORO em Porto Velho – Rondônia. – De 1997 a 1999 foi Consultor no PNUD/CNPT/IBAMA. – De 2000 2001 foi Colaborador Técnico na CONOF/DIFLOR/IBAMA. – Em 2002, primeiro semestre, foi professor no Departamento de Agronomia da UPIS.

Publicou dois livros: *Princípios e Métodos Silviculturais Tropicais*. Brasília: PNUD Brasil. FO: BRA/82/009 Série Técnica nº 1. 1984. 205 p. e *Florestas Tropicais*: como intervir sem devastar. São Paulo: Ícone Ed.1985. 180 p. il.

Elaborou duas monografias: *Manejo de Ecossistema das Florestas Tropicais Naturais*. Parte B. Brasília: ABEAS. 1988. 95 p. e *A Questão Florestal Brasileira* – Desequilíbrios Regionais. Tema 167. Rio de Janeiro: Escola Superior de Guerra. 1989. 74 p.

Publicou dois artigos: Engenharia e Política. *Jornal CREA-DF*. Brasília: Ano I, n. 08, p. 19, e Fiscalização do Exercício Profissional. *Jornal do CREA-DF*. Brasília: Ano I, n. 16, p. 14.

Defendeu duas teses: *Estudos sobre a produção e forma do fuste do Pinus taeda L*. Em uma área de ensaio de adubação na Fazenda Canguiri. Curitiba: Universidade Federal do Paraná. 1977. 62 p. il. Dissertação de Mestrado e *Avaliação de parâmetros fitossociológicos e de manejo de uma savana em Brasília*. Curitiba: Universidade Federal do Paraná. 1993. 195 p. il. Tese de Doutorado.

Escreveu cinco apostilas e foram editados em revistas brasileiras especializadas vinte e quatro trabalhos técnicos como autor único ou principal, e também três como coautor.

Preparou dois relatórios técnicos no PNUD/PLANAFLORO em Porto Velho-RO e mais dezesseis relatórios técnicos como consultor do PNUD/CNPT/IBAMA entre 1997 e 1999 – em Brasília-DF.

No primeiro semestre de 2002 foi professor na UFIS, de 2002 a 2010 atuou como professor nas Faculdades Integradas da Terra de Brasília – FTB, no primeiro semestre de 2011 foi professor na UDF. Atualmente é professor na graduação da IMP e na Pós-graduação da POSEAD.

De 2006 a 2009 foi vice-presidente da Associação dos Aposentados da Fundação Universidade de Brasília – APOSFUB. De 2009 a 2011 foi presidente da APOSFUB, e atualmente é vice-presidente, para o triênio 2011 a 2014.